1   **Mittelhirn (Mesencephalon)**

2   **Kleinhirn (Cerebellum)**

3   **Zwischenhirn (Diencephalon)**

4   **Großhirn (Telecephalon)**

5   **Ventrikel & Gefäßsystem d. Gehirns**

6   **Auge und Ohr**

    Anhang

    Index

Andreas Martin
Anatomie Band 3
MEDI-LEARN Skriptenreihe

6., komplett überarbeitete Auflage

MEDI-LEARN Verlag GbR

Autor: Andreas Martin
Fachlicher Beirat: PD Dr. Rainer Viktor Haberberger

Teil 3 des Anatomiepaketes, nur im Paket erhältlich
ISBN-13: 978-3-95658-000-0

Herausgeber:
MEDI-LEARN Verlag GbR
Dorfstraße 57, 24107 Ottendorf
Tel. 0431 78025-0, Fax 0431 78025-262
E-Mail redaktion@medi-learn.de
www.medi-learn.de

Verlagsredaktion:
Dr. Marlies Weier, Dipl.-Oek./Medizin (FH) Désirée Weber, Denise Drdacky, Jens Plasger, Sabine Behnsch, Philipp Dahm, Christine Marx, Florian Pyschny, Christian Weier

Layout und Satz:
Fritz Ramcke, Kristina Junghans, Christian Gottschalk

Grafiken:
Dr. Günter Körtner, Irina Kart, Alexander Dospil, Christine Marx

Illustration:
Daniel Lüdeling

Druck:
A.C. Ehlers Medienproduktion GmbH

6. Auflage 2014
© 2014 MEDI-LEARN Verlag GbR, Marburg

Das vorliegende Werk ist in all seinen Teilen urheberrechtlich geschützt. Alle Rechte sind vorbehalten, insbesondere das Recht der Übersetzung, des Vortrags, der Reproduktion, der Vervielfältigung auf fotomechanischen oder anderen Wegen und Speicherung in elektronischen Medien.
Ungeachtet der Sorgfalt, die auf die Erstellung von Texten und Abbildungen verwendet wurde, können weder Verlag noch Autor oder Herausgeber für mögliche Fehler und deren Folgen eine juristische Verantwortung oder irgendeine Haftung übernehmen.

Wichtiger Hinweis für alle Leser
Die Medizin ist als Naturwissenschaft ständigen Veränderungen und Neuerungen unterworfen. Sowohl die Forschung als auch klinische Erfahrungen führen dazu, dass der Wissensstand ständig erweitert wird. Dies gilt insbesondere für medikamentöse Therapie und andere Behandlungen. Alle Dosierungen oder Applikationen in diesem Buch unterliegen diesen Veränderungen.
Obwohl das MEDI-LEARN Team größte Sorgfalt in Bezug auf die Angabe von Dosierungen oder Applikationen hat walten lassen, kann es hierfür keine Gewähr übernehmen. Jeder Leser ist angehalten, durch genaue Lektüre der Beipackzettel oder Rücksprache mit einem Spezialisten zu überprüfen, ob die Dosierung oder die Applikationsdauer oder -menge zutrifft. Jede Dosierung oder Applikation erfolgt auf eigene Gefahr des Benutzers. Sollten Fehler auffallen, bitten wir dringend darum, uns darüber in Kenntnis zu setzen.

Inhalt

1	**Mittelhirn (Mesencephalon)**		**1**
1.1	Topografie		1
1.2	Tectum mesencephali		2
1.2.1	Colliculi superiores		2
1.2.2	Colliculi inferiores		2
1.3	Tegmentum mesencephali		3
1.3.1	Nukleus ruber		3
1.3.2	Substantia nigra		4
1.3.3	Formatio reticularis		5
1.3.4	Augenbewegungszentren		7
1.4	Crura cerebri (Hirnschenkel)		7
1.5	Bahnsysteme des Hirnstamms		7
1.5.1	Kortikospinale und kortikonucleäre Bahn		7
1.5.2	Kortikopontine Bahnen		8
1.5.3	Lemniscus medialis		8
1.5.4	Tractus spinothalamicus		8
1.5.5	Lemniscus lateralis		8
1.5.6	Fasciculus longitudinalis medialis		8
1.5.7	Fasciculus longitudinalis dorsalis/posterior (Schütz-Bündel)		8
1.5.8	Tractus tegmentalis centralis (zentrale Haubenbahn)		8
2	**Kleinhirn (Cerebellum)**		**13**
2.1	Makroskopie		13
2.2	Kleinhirnkerne		14
2.3	Kleinhirnrinde		15
2.4	Afferente Kleinhirnbahnen		15
2.4.1	Pedunculus cerebellaris inferior		15
2.4.2	Pedunculus cerebellaris medius		16
2.4.3	Pedunculus cerebellaris superior		16
2.5	Efferente Kleinhirnbahnen		16
2.5.1	Pedunculus cerebellaris inferior		16
2.5.2	Pedunculus cerebellaris superior		16
2.6	Funktionen des Kleinhirns		17
3	**Zwischenhirn (Diencephalon)**		**20**
3.1	Makroskopie		20
3.2	Thalamus		21
3.2.1	Spezifischer Thalamus (Palliothalamus)		21
3.2.2	Unspezifischer Thalamus (Truncothalamus)		22
3.3	Hypothalamus		22
3.3.1	Wichtige hypothalamische Faserverbindungen		22
3.4	Hypophyse		22
3.4.1	Neurohypophyse		24
3.4.2	Adenohypophyse		24
3.4.3	Hypothalamo-hypophysärer Pfortaderkreislauf		25
3.5	Epithalamus		25
3.6	Subthalamus		25
4	**Großhirn (Telencephalon)**		**30**
4.1	Makroskopie		30
4.2	Basalganglien		32
4.2.1	Striatum		32
4.2.2	Pallidum		33
4.2.3	Nukleus subthalamicus		33
4.2.4	Claustrum		34
4.2.5	Vom Bewegungsimpuls zur Bewegung		34
4.3	Paleokortex und Riechhirn		34
4.4	Archikortex und Gedächtnis		35
4.5	Limbisches System		36
4.6	Neokortex		36
4.6.1	Histologie des Neokortex		37
4.7	Frontallappen		37
4.7.1	Gyrus praecentralis und Pyramidenbahn		37
4.7.2	Prämotorische Rinde und frontales Augenfeld		37

4.7.3	Motorisches Sprachzentrum (Broca-Sprachzentrum) 37	**5**	**Liquor- und Ventrikelsystem, Hirnhäute und Blutversorgung des Gehirns**	**47**
4.7.4	Präfrontale Rinde 38			
4.8	Parietallappen 38	5.1	Liquor- und Ventrikelsystem 47	
4.8.1	Gyrus postcentralis und primäre somatosensible Rinde 38	5.2	Hirnhäute (Meningen) 48	
4.8.2	Sekundäre somatosensible Rinde 39	5.3	Arterielle Gefäßversorgung des Gehirns 49	
4.8.3	Gyrus angularis 39			
4.8.4	Hinterer Parietallappen 39	5.4	Venöse Gefäßversorgung des Gehirns 51	
4.9	Okzipitallappen und visuelles System . 39			
4.9.1	Sehbahn 39			
4.9.2	Primäre Sehrinde 39	**6**	**Augen und Ohr**	**53**
4.9.3	Sekundäre Sehrinde 39			
4.10	Temporallappen und auditorisches System 40	6.1	Auge 53	
		6.1.1	Makroskopie 54	
4.10.1	Primäre Hörrinde 41	6.1.2	Mikroskopie 55	
4.10.2	Sekundäre Hörrinde und Wernicke-Sprachzentrum 41	6.1.3	Reflexe 57	
		6.1.4	Schutzorgane des Auges 57	
4.11	Inselrinde 41	6.2	Ohr 57	
4.12	Bahnsysteme des Großhirns 42	6.2.1	Mittelohr 57	
4.12.1	Balken (Corpus callosum) 42	6.2.2	Innenohr 58	
4.12.2	Capsula interna 42	6.2.3	Hörvorgang 60	
4.13	Schnittserien durch das Gehirn 43	6.2.4	Gleichgewichtsorgan 60	

1 Mittelhirn (Mesencephalon)

 Fragen in den letzten 10 Examen: 9

Das Mittelhirn bildet zusammen mit der Medulla oblongata und der Pons (Brücke) den Hirnstamm. Es ist der kleinste Hirnabschnitt und besteht überwiegend aus weißer Substanz (Fasern). Daneben enthält er noch die Kerngebiete für den III. und IV. Hirnnerv.

Übrigens ...
Die Benennung von Bahnen im ZNS erfolgt immer nach dem gleichen Schema: Tractus Ursprungsort – Endigungsort
Dementsprechend heißt die Bahn, die vom Ncl. ruber ins Rückenmark zieht, Tractus rubrospinalis.

1.1 Topografie

Das Mittelhirn grenzt nach kaudal an den Pons und nach kranial an das Zwischenhirn (Diencephalon). Vorn liegen die Crura cerebri (Hirnschenkel), dahinter das Tegmentum (Haube) und schließlich dorsal die Lamina tecti (Lamina quadrigemina oder Vierhügelplatte). Zwischen Tegmentum und Tectum mesencephali liegt der Aquaeductus mesencephali. Er verbindet den dritten mit dem vierten Ventrikel.

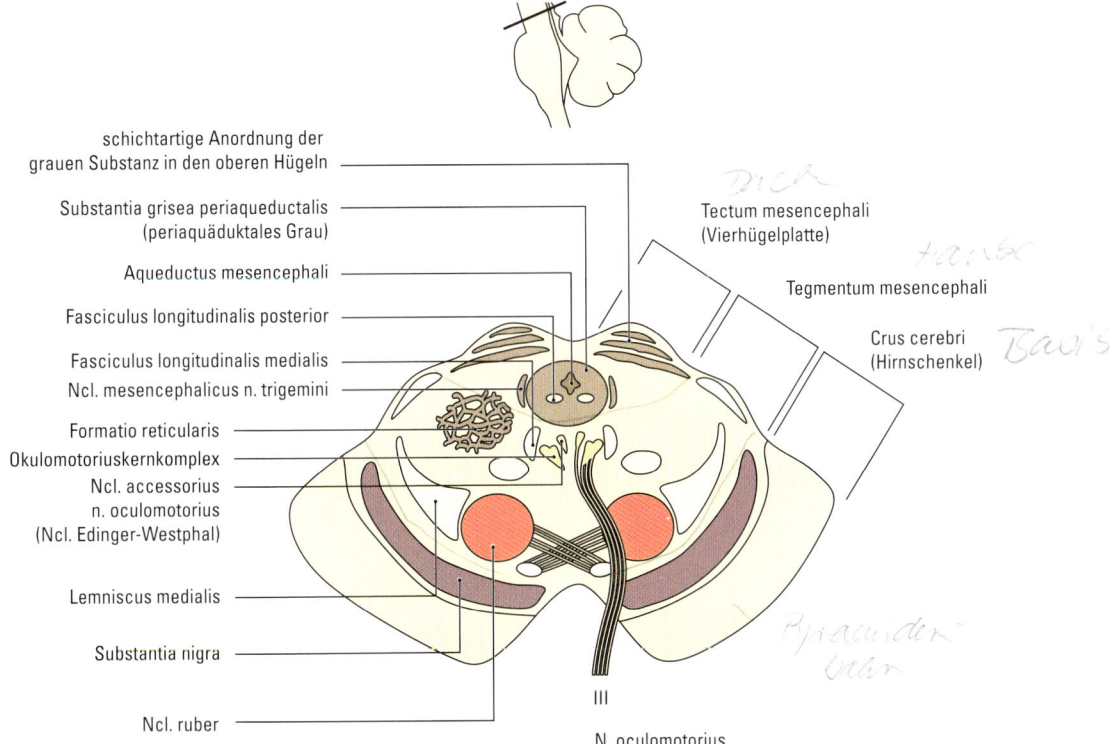

Abb. 1: Querschnitt durch das Mittelhirn in Höhe der Colliculi superiores

1 Mittelhirn (Mesencephalon)

1.2 Tectum mesencephali

Die Vierhügelplatte besteht, wie der Name schon sagt, aus vier Hügeln. Die zwei Colliculi superiores sind ein optisches Reflexzentrum, während die zwei Colliculi inferiores einen Teil der Hörbahn darstellen.

1.2.1 Colliculi superiores

In den zwei oberen Hügeln liegen Kerne, die bei der Verschaltung optischer Reflexe eine wichtige Rolle spielen. Dementsprechend kommt es bei einer Schädigung dieser Gebiete zur Störung der reflektorischen Augenbewegungen und der Augenschutzreflexe, NICHT aber zu Störungen der Bilderkennung.
Die Afferenzen und Efferenzen der Colliculi superiores sind in Abb. 2, S. 2 dargestellt.
Die Colliculi superiores spielen eine entscheidende Rolle bei Orientierungsbewegungen von Augen und Kopf sowie beim Zustandekommen der Sakkaden (schnellen Augenbewegungen). Über die Afferenzen aus den Colliculi inferiores bewirken die oberen Hügel, dass Kopf und Augen in die Richtung eines Geräusches gedreht werden. Über die Afferenzen von der Retina und die Efferenzen zum Ncl. n. facialis wird der Lidschlussreflex bei plötzlich näher kommenden visuellen Reizen ausgelöst.

1.2.2 Colliculi inferiores

Hier werden fast alle Fasern der Hörbahn nochmals verschaltet. Sie stammen aus dem **Lemniscus lateralis**, werden anschließend in den Colliculi inferiores verschaltet und ziehen dann zum **Corpus geniculatum mediale** (einem Teil des Thalamus), um dort auf das letzte Neuron der Hörbahn verschaltet zu werden. Von dort ziehen die Fasern zur primären Hörrinde im Temporallappen. Bei Schädigung der unteren Hügel kommt es zur Hörminderung der **ipsi- und kontralateralen** Seite, da ein Teil der Fasern ungekreuzt verläuft.

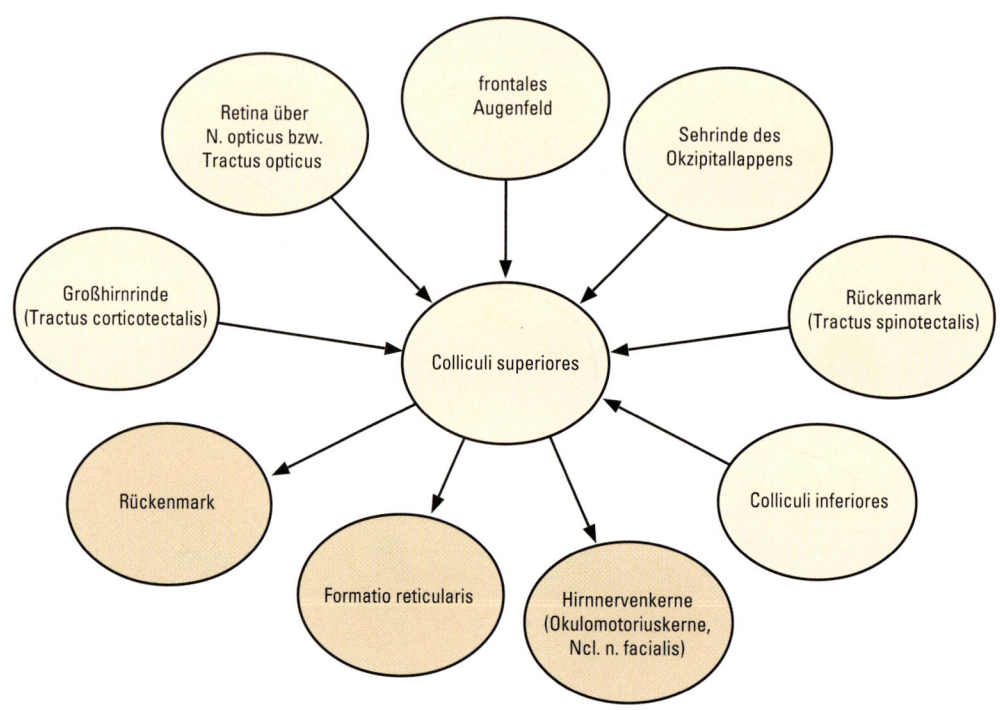

Abb. 2: Afferenzen und Efferenzen der Colliculi superiores

medi-learn.de/6-ana3-2

1.3 Tegmentum mesencephali

> **Merke!**
> - Die Colliculi **s**uperiores spielen beim **S**ehen eine Rolle.
> - Die Colliculi inferiores sind in die Hörbahn eingeschaltet.

1.3 Tegmentum mesencephali

Von den hier liegenden Kerngebieten wurden die des N. oculomotorius sowie des N. trochlearis bereits besprochen. Jetzt folgen noch der Ncl. ruber, die Substantia nigra, die Formatio reticularis und die Augenbewegungszentren. Damit ist dann auch alles Prüfungsrelevante gesagt und muss nur noch von dir gelernt werden …

1.3.1 Nukleus ruber

Dieser Kern ist makroskopisch als runder, rotbraun gefärbter Komplex sichtbar. Die Rotfärbung kommt durch den hohen Eisengehalt der dortigen Perikaryen zustande. Die Afferenzen und Efferenzen sind in Abb. 3, S. 3 dargestellt. Der Ncl. ruber ist in das motorische System eingebunden und stellt mit seiner Projektion ins Rückenmark einen wesentlichen Teil des **extrapyramidalmotorischen Systems** dar. Der Tractus rubrospinalis kreuzt noch in Höhe des Tegmentums auf die Gegenseite, zieht dann nach unten und endet vorwiegend an den Motoneuronen der distalen Flexoren.

Über den Tractus rubroolivaris laufen Impulse zur Olive, von dort zur Kleinhirnrinde, weiter zu den Kleinhirnkernen und wieder zurück zum Ncl. ruber. Darüber nimmt der Ncl. ruber modulierenden Einfluss auf die Pyramidalmotorik. Bei Schädigung des Ncl. ruber kommt es auf der kontralateralen Seite zu einem Intentionstremor (Zittern bei Annäherung an das

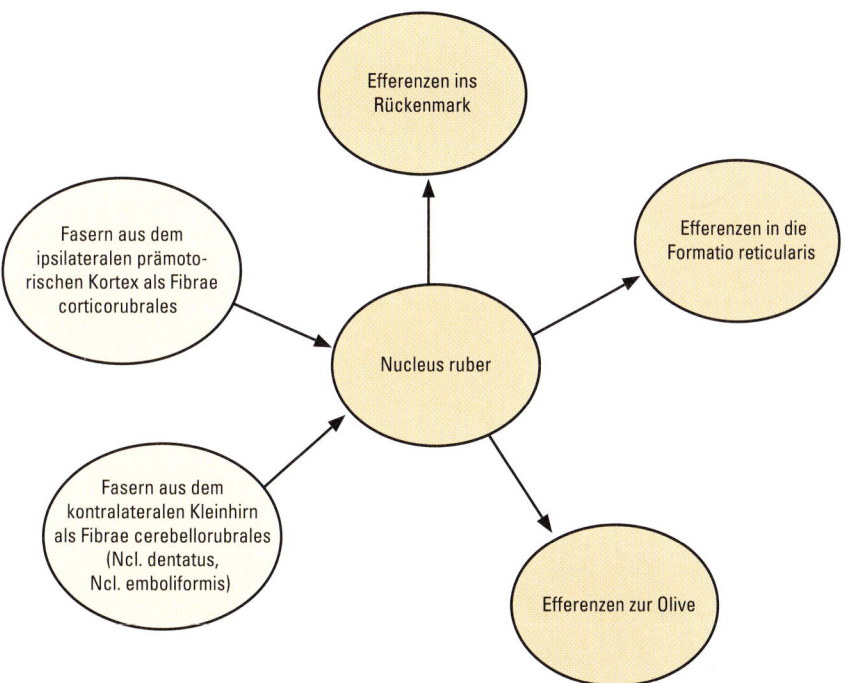

Abb. 3: Wichtige Projektionen des Ncl. ruber

medi-learn.de/6-ana3-3

1 Mittelhirn (Mesencephalon)

Bewegungsziel). Weiterhin resultieren choretisch-athetotische Bewegungen (unkontrollierte, ausfahrende, langsame schraubende, nicht beeinflussbare Bewegungen).

> **Merke!**
>
> Unter dem extrapyramidalmotorischen System versteht man motorische Bahnen, die außerhalb der Pyramidenbahn ins Rückenmark ziehen.

1.3.2 Substantia nigra

Durch einen hohen Gehalt der Perikaryen an Melanin erscheint die Substantia nigra (lat. niger: schwarz) makroskopisch schwarz. Die Afferenzen und Efferenzen zeigt Abb. 4, S. 4.

Der Hauptteil der Efferenzen der Substantia nigra läuft in das Striatum. Dort hemmen die dopaminergen **Fibrae nigrostriatales** die Neurone des Striatums, die einen inhibitorischen Effekt auf die motorischen Impulse des Großhirns haben. Damit hat die Substantia nigra eine wesentliche Bedeutung bei der **Bewegungsinitiation**.

> **Merke!**
>
> – Das Striatum hemmt motorische Impulse des Großhirns.
> – Die Substantia nigra hemmt das Striatum.

Damit hemmt die Substantia nigra die Hemmung des Striatums, was zu Bewegungsantrieb führt; frei nach dem Motto: „Minus · Minus = Plus".

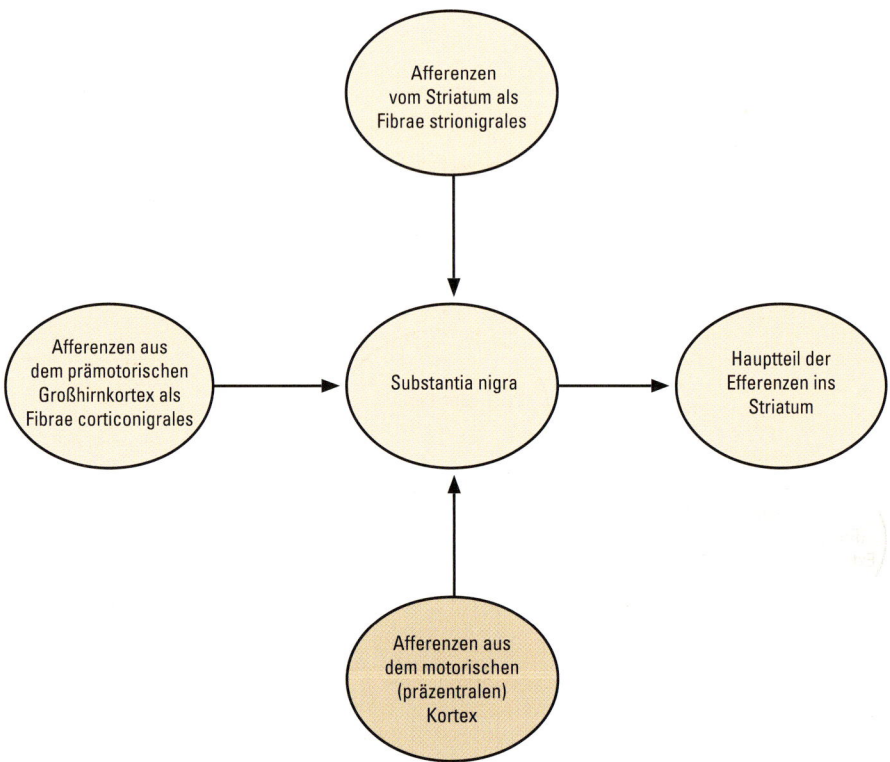

Abb. 4: Wichtige Projektionen der Substantia nigra

1.3.3 Formatio reticularis

Übrigens ...
Durch Degeneration der dopaminergen Neurone der Substantia nigra kommt es klinisch zum **Morbus Parkinson**. Diese Erkrankung äußert sich mit der Parkinsontrias:
- Ruhetremor (Ruhezittern)
- Rigor (erhöhter Muskeltonus, steife Muskeln, fehlende Armbewegung beim Laufen)
- Akinese (Bewegungsarmut, kleine trippelnde Schritte)

1.3.3 Formatio reticularis

Frei übersetzt bedeutet Formatio reticularis „netzartige Formation". Sie ist ein Reflexzentrum, das Hirnnervenkerne mit Zellgruppen des Tegmentums verschaltet, z. B. dürfen sich Schluckreflex und Atmung nicht gegenseitig behindern. Weiterhin sind hier Atem- und Kreislauf- sowie das Brechzentrum zu finden.

ARAS (aufsteigendes retikuläres aktivierendes System, Weckzentrum)

Die Afferenzen dieser funktionellen Einheit stammen vom Hinterhorn und Kortex. Bei Erregung kann die Formatio reticularis über **acetylcholinerge** Projektionen in den Thalamus die Aktivität des gesamten Kortex steigern und damit den Körper in einen extremen Wachzustand versetzen. Im Schlaf ist die Aktivität dieses Systems herabgesetzt.

Brechzentrum (Area postrema)

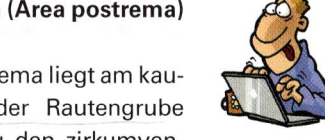

Die Area postrema liegt am kaudalen Ende der Rautengrube und gehört zu den zirkumventrikulären Organen. Zusammen mit den Ncl. tractus solitarii bildet sie das zentrale Brechzentrum, welches das Erbrechen koordiniert. Erbrechen kann ausgelöst werden durch viszerosensible Afferenzen aus dem Magen-Darm-Trakt,

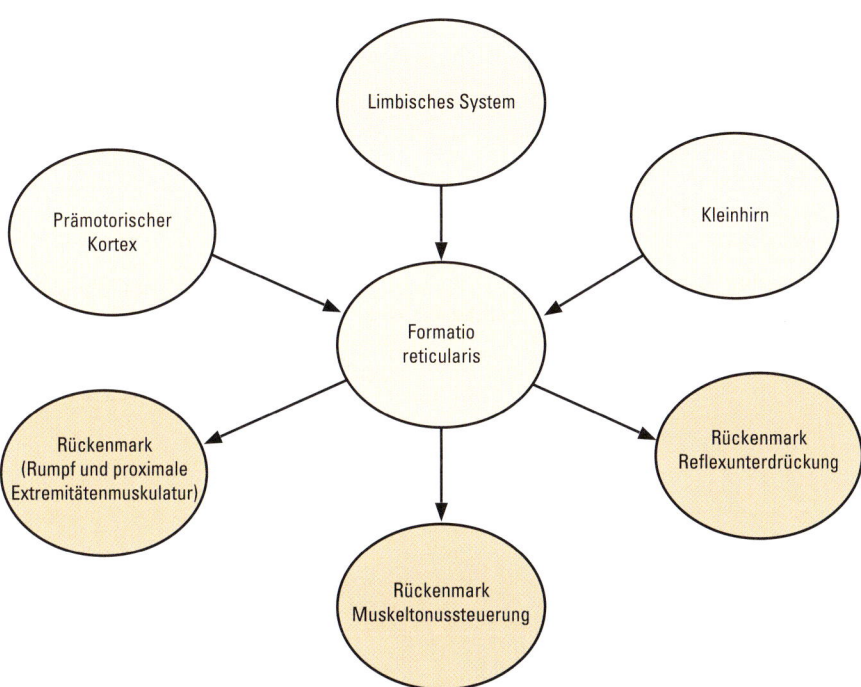

Abb. 5: Absteigendes retikuläres System

medi-learn.de/6-ana3-5

1 Mittelhirn (Mesencephalon)

den Vestibulariskernen, Druckveränderungen im vierten Ventrikel, körperschädigenden Substanzen im Blut sowie den Neurotransmittern Dopamin und Serotonin.

> **Merke!**
>
> Die zirkumventrikulären Organe besitzen KEINE Blut-Hirn-Schranke.

Atemzentrum

Das Atemzentrum liegt im Bereich der Medulla oblongata in den lateralen Formatio reticularis-Anteilen. Weitere Neuronengruppen liegen in der Umgebung des Ncl. ambiguus sowie der Ncl. tractus solitarii.

Kreislaufzentrum

Ebenfalls in den lateralen Abschnitten der Formatio reticularis liegen **Pressor- und Depressorzentrum**. Bei Reizung des Pressorzentrums kommt es zum Anstieg von Blutdruck und Herzaktivität.

Absteigendes retikuläres System

Das absteigende retikuläre System ist Teil der Extrapyramidalmotorik. Die Bahnen verlaufen als **Tractus reticulospinalis** sowohl ipsials auch kontralateral. s. Abb. 5, S. 5 zeigt die prüfungsrelevanten Afferenzen und Efferenzen.

Pontines Miktionszentrum

Dieser im Bereich der lateralen Pons gelegene Kernkomplex übt einen fördernden Einfluss auf das sakrale Blasenentleerungszentrum aus. Übergeordnete Zentren (Hirnstamm und Großhirn) beeinflussen das pontine Miktionszentrum.

Monoaminerge Zellgruppen

Darunter werden Nervenkerngruppen der Formatio reticularis zusammengefasst, die als Neurotransmitter **Monoamine** nutzen. Monoamine sind Decarboxylierungsderivate von Aminosäuren.

> **Merke!**
>
> Die wichtigsten Monoamine sind Dopamin, Noradrenalin und Serotonin.

Dopaminerge Kerngebiete finden sich vor allem in der Substantia nigra und wurden dort bereits besprochen.

Noradrenerge Zellgruppen finden sich vor allem im **Locus caeruleus** (Locus coeruleus) am Boden der Rautengrube. Seine vorwiegend inhibitorischen Projektionen reichen ins limbische System und ins Hinterhorn des Rückenmarks, wo sie die Weiterleitung sensibler Afferenzen kontrollieren. Außerdem ist der Locus caeruleus an der **Entstehung des Schlaf-Wach-Rhythmus** und der **Angstempfindung** beteiligt.

> **Übrigens ...**
> Bei depressiven Erkrankungen nimmt man eine Unterfunktion noradrenerger Neurone an.

Serotoninerge Zellgruppen liegen überwiegend paramedian im Hirnstamm und werden deshalb **Raphe-Kerne** genannt. Die Projektionen gehen überwiegend ins limbische System (Beeinflussung emotionaler Vorgänge) und ins Rückenmark (Hemmung der Weiterleitung sensibler Impulse). Auch sie beeinflussen den **Schlaf-Wach-Rhythmus**.

> **Übrigens ...**
> – Auch die serotoninergen Neurone spielen eine Rolle bei der Entstehung depressiver Erkrankungen.

- Bei Migräne führen sie zur maximalen Kontraktion der Gefäße.

Periaquäduktales Grau

Das **periaquäduktale Grau** (Substantia grisea periaquaeductalis) liegt im Mittelhirn um das Aquädukt herum. Es wird zur Formatio reticularis gerechnet und koordiniert Angst- sowie Fluchtreflexe und spielt bei der **Stimmbildung** und **endogenen Schmerzunterdrückung** eine wichtige Rolle.

1.3.4 Augenbewegungszentren

Man unterscheidet drei Kategorien von Zentren, die die Augenbewegungen koordinieren:
- internucleäre Verbindungen der Augenmuskelkerne,
- präokulomotorische Zentren,
- optische Reflexzentren.

Internucleäre Verbindungen

Hier sind vor allem die Verbindungen zwischen dem III. und VI. Hirnnervenkern von Bedeutung. Damit wird die Bewegung beider Bulbi immer gleichgerichtet, sodass die Sehachsen übereinstimmen. Die internucleäre Verschaltung läuft über den **Fasciculus longitudinalis medialis**.

Präokulomotorische Zentren

Diese Zentren spielen eine große Rolle bei der Koordination von horizontalen und vertikalen Augenbewegungen.

> **Merke!**
> - Horizontale Blickbewegungen werden vor allem im Pons ausgelöst.
> - Vertikale Blickbewegungen werden vor allem im Mittelhirn ausgelöst.

Die wichtigsten präokulomotorischen Zentren sind:

- die paramediane pontine Formatio reticularis (PPFR) für die horizontalen Augenbewegungen,
- die rostrale mesencephale Formatio reticularis für die vertikalen Augenbewegungen und
- die Ncll. vestibulares zur Stabilisierung des Bildes.

Optische Reflexzentren

Hierzu gehören die Colliculi superiores (s. 1.2.1, S. 2) und die Area praetectalis. Die Area praetectalis spielt eine entscheidende Rolle bei der Pupillenverengung.

1.4 Crura cerebri (Hirnschenkel)

In den Hirnschenkeln verlaufen
- die kortikonucleären Fasern,
- die kortikospinalen Fasern und
- die kortikopontinen Fasern.

Alle diese Fasern verlaufen somatotopisch gegliedert: Medial laufen die Fibrae frontopontinae, lateral davon die Fibrae corticonucleares, lateral davon die Pyramidenbahn (Tractus corticospinalis) und ganz lateral die Fibrae temporopontinae.

1.5 Bahnsysteme des Hirnstamms

Die hier vorgestellten Bahnsysteme des Hirnstamms wurden z. T. bereits in früheren Kapiteln erwähnt. Dieses Kapitel enthält die prüfungsrelevanten Bahnsysteme. Deshalb kann – und sollte – dir einiges bekannt vorkommen.

1.5.1 Kortikospinale und kortikonucleäre Bahn

Die Pyramidenbahn ist ausführlich im Skript Anatomie 2 dargestellt. Die kortikonucleären Bahnen ziehen ebenso wie die kortikospinalen Bahnen durch die **Capsula interna**. Teilweise laufen die Fasern ungekreuzt, teilweise gekreuzt.

1 Mittelhirn (Mesencephalon)

1.5.2 Kortikopontine Bahnen

Diese Bahnen übertragen Impulse vom Kortex über die Ncll. pontis an das Kleinhirn. Dabei ziehen sie durch die Capsula interna.

1.5.3 Lemniscus medialis

Hier laufen vorrangig die Fasern aus den Hinterstrangkernen (epikritische Sensibilität), die vor Eintritt in den Lemniscus medialis noch zur Gegenseite kreuzen. Weiterhin laufen hier die sensibel-sensorischen Impulse der kontralateralen Körperhälfte, die im Thalamus auf das dritte Neuron umgeschaltet werden und von dort zur Großhirnrinde (Gyrus postcentralis) ziehen, wo sie ins Bewusstsein gelangen.

1.5.4 Tractus spinothalamicus

Der Tractus spinothalamicus leitet Impulse der protopathischen Sensibilität zum Thalamus, wo die Umschaltung auf das dritte Neuron stattfindet. Von dort ziehen die Fasern zum Gyrus postcentralis des Großhirnkortex.

1.5.5 Lemniscus lateralis

Der Lemniscus lateralis ist ein Teil der Hörbahn. Im Bereich der Medulla oblongata kreuzen die Fasern aus den Ncll. cochleares partiell zur Gegenseite, um dann als Lemniscus lateralis zu den Colliculi inferiores zu ziehen, wo sie verschaltet werden. Von dort ziehen die Fasern zum Thalamus, werden dort erneut verschaltet und ziehen schließlich zur Hörrinde.

1.5.6 Fasciculus longitudinalis medialis

Hierbei handelt es sich um eine Ansammlung verschiedener Fasertrakte. Sie verbinden verschiedene Hirnnerven- und Hirnstammkerne untereinander: v. a. **vestibuläre** und **internucleäre** Verbindungen.

1.5.7 Fasciculus longitudinalis dorsalis/posterior (Schütz-Bündel)

In diesem Fasersystem laufen Afferenzen aus dem Hirnstamm (genauer: Formatio reticularis) zum Hypothalamus und Fasern, die den Hypothalamus mit dem periaquäduktalen Grau der Medulla oblongata sowie den parasympathischen Kernen im Rückenmark verbinden.

1.5.8 Tractus tegmentalis centralis (zentrale Haubenbahn)

Diese Bahn läuft vom Mittelhirn zur Olive. Darin ziehen Fasern aus motorischen Zentren (Ncl. ruber, Formatio reticularis) zur Olive. Die zweiten Neurone der Geschmacksbahn ziehen ebenfalls im Tractus tegmentalis centralis durch den Hirnstamm zum Thalamus.

DAS BRINGT PUNKTE

Gerne wurde nach den verschiedenen **Fasciculi longitudinales** gefragt:
- Fasciculus longitudinalis medialis: vestibuläre und internucleäre Verbindungen zwischen Hirnstamm und Hirnnervenkernen
- Fasciculus longitudinalis posterior: Afferenzen vom Hirnstamm zum Hypothalamus und Verbindung zwischen Hypothalamus und Medulla oblongata

Häufig wurden auch makroskopische Bilder gezeigt. Dort sollte man eine Struktur erkennen und einer Bahn zuordnen oder den Neurotransmitter dieser Bahn benennen.

Wichtig ist auch die Zuordnung der **Colliculi superiores** zum Sehen (Verschaltung von Augenmuskelreflexen). Bei Schädigung resultieren KEINE Störungen der Bilderkennung.

Du solltest wissen, dass die Colliculi inferiores Teil der Hörbahn sind. Hier werden fast alle Fasern der Hörbahn aus dem **Lemniscus lateralis** nochmals verschaltet und ziehen dann zum **Corpus geniculatum mediale**. Nachfolgende Tabelle gibt das **prüfungsrelevante Wissen** wieder:

Neurotransmitter	Vorkommen
Acetylcholin	**Rückenmark**, Medulla oblongata, Pons, Mittelhirn (einzelne Kerne der Formatio reticularis), Großhirn (Striatum, Septum und basale Vorderhirnstrukturen wie z. B. **Ncl. basalis Meynert**).
Dopamin	**Substantia nigra**, Pars compacta.
Serotonin	Medulla oblongata, Pons, Mesencephalon **Raphe-Kerne** und periaquäduktales Grau der Formatio reticularis.
Adrenalin	**Formatio reticularis**.
Noradrenalin	Locus coeruleus als Teil der Formatio reticularis, dessen Fasern hauptsächlich zur Großhirnrinde ziehen.
Somatostatin	Medulla oblongata, Pons, Mesencephalon (Formatio reticularis, Ncl. ambiguus, Ncll. tractus solitarii, Hörbahnkerne), Diencephalon (Hypothalamus), Telencephalon (Striatum, Corpus amygdaloideum, Hippocampus, Septumregion, Tuberculum olfactorium).
Glycin (wirkt inhibitorisch)	**Rückenmark** (Renshaw-Zellen zur rekurrenten Hemmung). Der Glycin-Rezeptor ist ein ligandengesteuerter Ionenkanal.
GABA (wirkt inhibitorisch)	Rückenmark (Renshaw-Zellen), alle Neurone der Kleinhirnrinde AUSSER den Körnerzellen.
Glutamat (wirkt exzitatorisch)	Olivenkernkomplex, Körnerzellen der Kleinhirnrinde.

Tab. 1: Wichtige Neurotransmitter

FÜRS MÜNDLICHE

Zum Thema Mittelhirn kannst du die folgenden Fragen für deine persönliche Wissensüberprüfung benutzen:

1. Wo suchen Sie den Nukleus ruber?

2. Wo suchen Sie die Substantia nigra?

3. Sagen Sie, was ist die Formatio reticularis?

4. Wo liegen die Colliculi superiores und was machen sie?

5. Wo liegen Ihrer Meinung nach die Colliculi inferiores und was machen sie?

6. Nennen Sie die Aufgabe der Substantia nigra und wie nimmt sie diese wahr?

7. Wissen Sie, wie das nach Schädigung der Substantia nigra resultierende Krankheitsbild heißt? Nennen Sie bitte den Namen!

---

1. Wo suchen Sie den Nukleus ruber?
Im Mittelhirn; sieht auf dem Querschnitt rötlich-braun aus.

2. Wo suchen Sie die Substantia nigra?
Im Mittelhirn; schwärzliche Farbe im Querschnitt.

3. Sagen Sie, was ist die Formatio reticularis?
Ein Netz aus Kerngebieten, das von der Medulla oblongata bis ins Mesencephalon reicht. Hier liegen Atem- sowie Kreislaufzentrum, und der Schlaf-Wach-Rhythmus wird von hier aus gesteuert.

4. Wo liegen Ihrer Meinung nach die Colliculi superiores und was machen sie?
Sie liegen im Tectum mesencephali, dorsal des Aquaeductus mesencephali und dienen der Verschaltung optischer Reflexe.

5. Wo liegen die Colliculi inferiores und was machen sie?
Sie liegen unterhalb der Colliculi superiores und gehören zur Hörbahn. Hier werden fast alle Fasern der Hörbahn verschaltet.

6. Nennen Sie die Aufgabe der Substantia nigra und wie nimmt sie diese wahr?
Sie spielt eine wichtige Rolle bei der Bewegungsinitiation. Dies erreicht sie durch die Hemmung des Striatums mit Hilfe dopaminerger Neurone.

7. Wissen Sie, wie das nach Schädigung der Substantia nigra resultierende Krankheitsbild heißt? Nennen Sie bitte den Namen!
Morbus Parkinson.

Pause

Päuschen gefällig?
Das hast du dir verdient!

Ein besonderer Berufsstand braucht besondere Finanzberatung.

Als einzige heilberufespezifische Finanz- und Wirtschaftsberatung in Deutschland bieten wir Ihnen seit Jahrzehnten Lösungen und Services auf höchstem Niveau. Immer ausgerichtet an Ihrem ganz besonderen Bedarf – damit Sie den Rücken frei haben für Ihre anspruchsvolle Arbeit.

- Services und Produktlösungen vom Studium bis zur Niederlassung
- Berufliche und private Finanzplanung
- Beratung zu und Vermittlung von Altersvorsorge, Versicherungen, Finanzierungen, Kapitalanlagen
- Niederlassungsplanung & Praxisvermittlung
- Betriebswirtschaftliche Beratung

Lassen Sie sich beraten!

Nähere Informationen und unseren Repräsentanten vor Ort finden Sie im Internet unter www.aerzte-finanz.de

Deutsche Ärzte Finanz

Standesgemäße Finanz- und Wirtschaftsberatung

2 Kleinhirn (Cerebellum)

 Fragen in den letzten 10 Examen: 7

Das Kleinhirn ist das wichtigste Zentrum für die Koordination und Feinabstimmung von Bewegungsabläufen.

2.1 Makroskopie

Das Kleinhirn sitzt der Medulla oblongata und der Pons von hinten auf und bildet das Dach des vierten Ventrikels. Die Afferenzen und Efferenzen laufen durch die drei Kleinhirnstiele, Pedunculus cerebellaris superior, medius et inferior. Das **Velum medullare superius** und **inferius** (die Kleinhirnsegel) besteht aus weißer Substanz und verbinden das Kleinhirn mit dem Mesencephalon und der Medulla oblongata. Über dem Kleinhirn liegt das **Tentorium cerebelli** (Kleinhirnzelt), eine Duraduplikatur. Zentral liegt der **Vermis** (Kleinhirnwurm). Eine Stelle im unteren Teil wird als **Nodulus** bezeichnet. Sie steht über eine stielartige Struktur mit dem lateral liegenden **Flocculus** in Verbindung. Zusammen bilden diese Strukturen den **Lobus flocculonodularis**.

Übrigens ...
Die Kleinhirntonsillen liegen im Bereich des Foramen magnum. Steigt der Hirndruck, versucht das Gehirn dem Druck auszuweichen und rutscht dabei nach unten in das Foramen magnum. Dabei werden die Kleinhirntonsillen gequetscht und es kommt v. a. zum Versagen des Atemzentrums mit tödlichem Ausgang. Dies wird als **untere Einklemmung** bezeichnet. Bei der **oberen Einklemmung** wird das Mittelhirn im Tentoriumschlitz eingeklemmt. Dies ist nicht unmittelbar lebensbedrohlich, geht jedoch der unteren Einklemmung voraus.

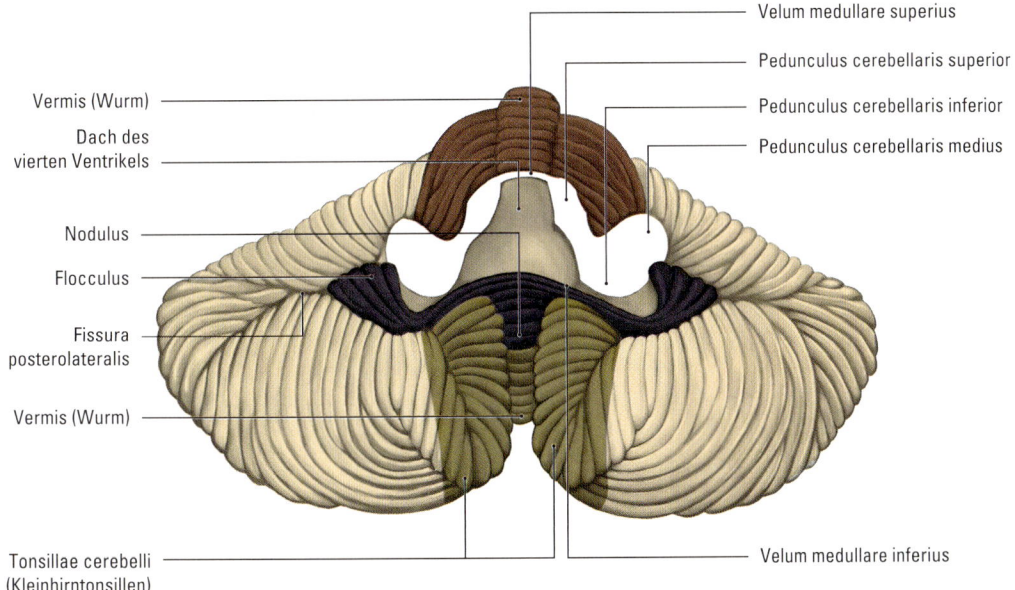

Abb. 6: Kleinhirn von vorne medi-learn.de/6-ana3-6

2 Kleinhirn (Cerebellum)

Das Kleinhirn kann in drei Abschnitte unterteilt werden:
- **Vestibulocerebellum**: Die Bezeichnung rührt von der engen Beziehung zum Vestibularapparat her, von dem es den Hauptteil seiner Afferenzen bezieht. Es entspricht dem **Lobus flocculonodularis**.
- **Spinocerebellum**: Der Hauptteil der Afferenzen entstammt dem Rückenmark. Es besteht aus dem Kleinhirnwurm (Vermis) und der paravermalen Zone.
- **Pontocerebellum**: Seine Afferenzen stammen überwiegend von den Brückenkernen. Es besteht aus den beiden Hemisphären.

2.2 Kleinhirnkerne

Im Kleinhirn befinden sich vier paarige, wichtige Kerngebiete (s. Abb. 8, S. 15):

- der Ncl. dentatus (gezahnt) liegt im Kleinhirnmark,
- der Ncl. emboliformis (pfropfenförmig) liegt medial des Ncl. dentatus und „verschließt" die offene Seite des Ncl. dentatus,
- der Ncl. globosus (kugelförmig) liegt medial des Ncl. emboliformis,
- der Ncl. fastigii (Giebel) ist der höchste Punkt des vierten Ventrikels und liegt ganz medial.

Merke!

Es gibt vier Kleinhirnkerne:
- Ncl. dentatus,
- Ncl. emboliformis,
- Ncl. globosus,
- Ncl. fastigii.

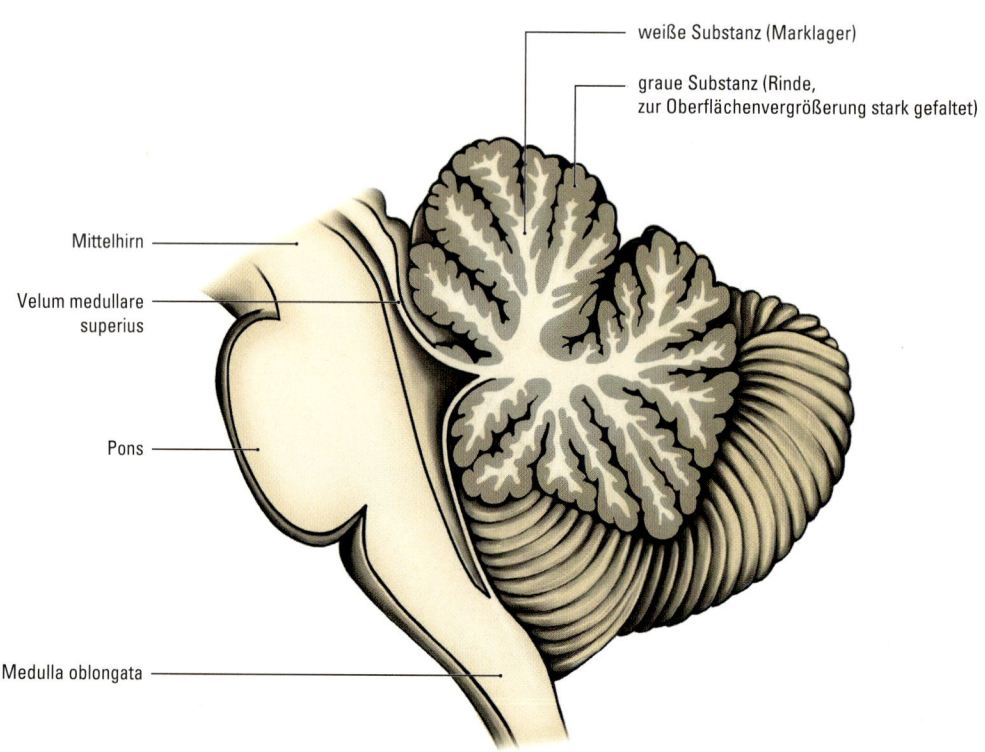

Abb. 7: Medianer Sagittalschnitt durch das Kleinhirn

medi-learn.de/6-ana3-7

2.3 Kleinhirnrinde

Das Kleinhirn besitzt mehr Neurone als das Großhirn. Die Neurone liegen in der Kleinhirnrinde. Diese kann in drei Schichten gegliedert werden. Von innen nach außen sind das die
- **Körnerschicht (Stratum granulosum)**. Diese Schicht besteht zum größten Teil aus **Körnerzellen**. Dies sind die **einzigen erregenden Zellen der Kleinhirnrinde**. Sie sind multipolar und verwenden den Neurotransmitter **Glutamat**. Hier enden die Moosfasern. Weiterhin finden sich hier die Golgi-Zellen, welche die Körnerzellen hemmen.
- **Purkinje-Zellschicht (Stratum purkinjense)**. Die Purkinje-Zellen sind die größten Zellen des Kleinhirns. Ihr Axon zieht zu den Kleinhirnkernen und ein großer Dendritenbaum zur Molekularschicht. Synaptische Verbindungen stammen von je einer Kletterfaser aus der Olive und vielen Parallelfasern aus den Körnerzellen. Für die schriftliche Prüfung solltest du dir merken, dass die Somata der Purkinje-Zellen in den Kleinhirnhemisphären liegen.
- **Molekularschicht (Stratum moleculare)**. Dies ist die äußerste Rindenschicht (mehr dazu s. Skript Histologie 2).

> **Merke!**
>
> Die Afferenzen aus der Olive ziehen als Kletterfasern zu den Purkinje-Zellen. Alle anderen Afferenzen des Kleinhirns ziehen als Moosfasern zu den Körnerzellen.

2.4 Afferente Kleinhirnbahnen

Alle Kleinhirnafferenzen ziehen zur Kleinhirnrinde. Dabei geben sie Kollateralen zu den Kleinhirnkernen ab.

2.4.1 Pedunculus cerebellaris inferior

Durch den unteren Kleinhirnstiel ziehen drei wichtige Afferenzen:
- **Tractus vestibulocerebellaris**: Er enthält Bahnen aus den Ncll. vestibulares, die überwiegend im **Lobus flocculonodularis**, also dem Vestibulocerebellum enden. Auf ihrem Weg geben sie Kollateralen zum Ncl. fastigii

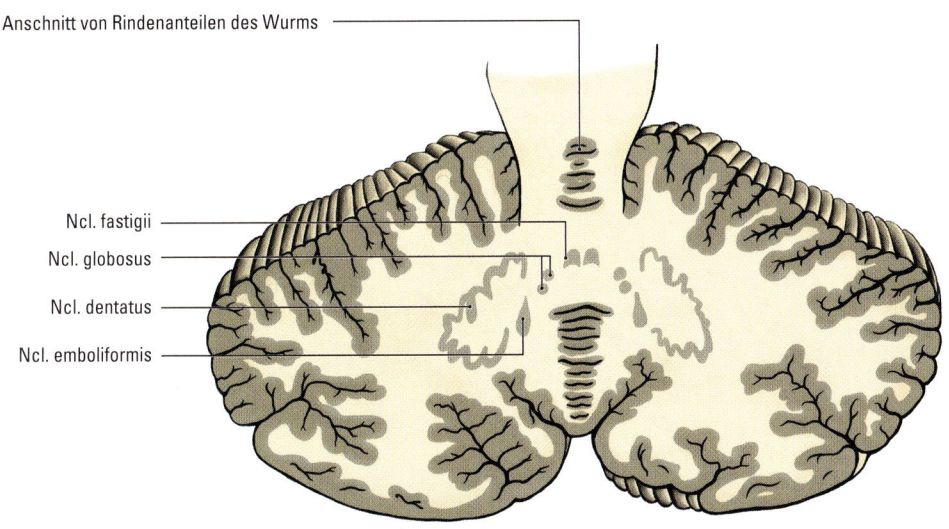

Abb. 8: Horizontalschnitt durch das Kleinhirn

ab, der wiederum efferent in die Vestibulariskerne projiziert.
- **Tractus olivocerebellaris:** Die efferenten Fasern der Olive kreuzen im Hirnstamm, um dann durch den unteren Kleinhirnstiel zu ziehen und als **Kletterfasern** in der Kleinhirnrinde zu enden. Hierüber erhält das Kleinhirn Informationen über die zeitgleichen Impulse der Pyramidenbahn.
- **Tractus spinocerebellaris posterior:** Die Fasern stammen aus dem Ncl. dorsalis (Stilling-Clarke) des Hinterhorns und führen **propriozeptiv-sensible Informationen** der ipsilateralen Körperhälfte zum Kleinhirn. Sie enden als **Moosfasern** in der Körnerschicht der Rinde, im Bereich des Spinocerebellums.

> **Merke!**
>
> - Der Tractus spinocerebellaris posterior zieht durch den unteren Kleinhirnstiel.
> - Die Tractus spinocerebellaris anterior et superior ziehen durch den oberen Kleinhirnstiel.

2.4.2 Pedunculus cerebellaris medius

Die **Fibrae pontocerebellares** entstammen den Ncll. pontis und **kreuzen** vor Eintritt in den mittleren Kleinhirnstiel zur Gegenseite, bevor sie in der Rinde der Kleinhirnhemisphären enden. Sie geben Kollateralen zum Ncl. dentatus sowie dem Ncl. emboliformis ab.

Die Fibrae pontocerebellares stellen die Fortsetzung der kortikopontinen Bahn dar. So werden dem Kleinhirn Bewegungsentwürfe des Großhirns zugeleitet, die im Kleinhirn koordiniert werden sollen.

2.4.3 Pedunculus cerebellaris superior

Die größte Afferenz ist der **Tractus spinocerebellaris anterior.** Er steigt **gekreuzt und ungekreuzt** im Seitenstrang nach oben. Die vorher gekreuzten Fasern kreuzen im Bereich des Hirnstamms wieder zurück. Der Tractus spinocerebellaris anterior leitet **propriozeptive Impulse** der **ipsilateralen** Körperhälfte zum Spinocerebellum.

> **Merke!**
>
> Der Tractus spinocerebellaris anterior und der Tractus spinocerebellaris posterior leiten propriozeptive Impulse der ipsilateralen Körperhälfte.

2.5 Efferente Kleinhirnbahnen

Die efferenten Kleinhirnbahnen beginnen grundsätzlich an den Kleinhirnkernen und ziehen in den Hirnstamm oder den Thalamus. Die Kleinhirnkerne werden **exzitatorisch** durch die afferenten Bahnen zur Kleinhirnrinde und **inhibitorisch** durch die Purkinje-Zellen der Rinde erregt.

> **Merke!**
>
> - Die Purkinje-Zellen der Hemisphärenrinde projizieren vorwiegend in den Ncl. dentatus.
> - Die Purkinje-Zellen aus dem Lobus flocculonodularis projizieren vorwiegend zum Ncl. fastigii.
> - Die Purkinje-Zellen der paravermalen und vermalen Zone projizieren vorwiegend zum Ncl. emboliformis und Ncl. globosus.

2.5.1 Pedunculus cerebellaris inferior

Die größte Bahn ist der **Tractus cerebellovestibularis.** Die Fasern stammen aus dem Ncl. fastigii und direkt von der Kleinhirnrinde. Über diese Bahn wird u. a. der vestibulo-okuläre Reflex moduliert.

2.5.2 Pedunculus cerebellaris superior

Durch den oberen Kleinhirnstiel läuft der größte Teil der Kleinhirnefferenzen.
- **Tractus cerebellothalamicus:** Diese größte Kleinhirnefferenz entspringt überwiegend

dem Ncl. dentatus und wird daher auch **Tractus dentatothalamicus** genannt. Nach dem Eintritt in das Tegmentum **kreuzen** die Fasern zur Gegenseite und ziehen dann zum Thalamus. Sie projizieren überwiegend zum **Ncl. ventralis lateralis thalami**, der die Impulse anschließend zum Motokortex weiterleitet.

- **Tractus cerebellorubralis:** Hier laufen Fasern aus dem Ncl. emboliformis, Ncl. globosus und Ncl. dentatus. Vor Eintritt in das Mesencephalon **kreuzt** auch diese Bahn. Sie endet dann im kontralateralen Ncl. ruber. Damit übt das Kleinhirn Einfluss auf die extrapyramidale Motorik (rubrospinale Bahn) aus. Gleichzeitig existiert so eine Feedback-Schleife über Ncl. ruber – Olive – Kleinhirnrinde – Kleinhirnkerne – Ncl. ruber.

Tab. 2, S. 17 fasst die Afferenzen und Efferenzen des Kleinhirns mit den zugehörigen Kleinhirnstielen zusammen.

> **Merke!**
> - Die Kleinhirnefferenzen des Pedunculus cerebellaris superior kreuzen zur Gegenseite. Die vom Motokortex und Ncl. ruber ausgehenden kortiko- bzw. rubrospinalen Bahnen kreuzen ebenfalls zur Gegenseite. Damit steuert das Kleinhirn die Motorik der ipsilateralen Körperhälfte.
> - Der obere Kleinhirnstiel führt überwiegend Efferenzen.
> - Der mittlere Kleinhirnstiel führt ausschließlich Afferenzen.
> - Der untere Kleinhirnstiel führt überwiegend Afferenzen.

2.6 Funktionen des Kleinhirns

Prinzipiell dient das Kleinhirn der **Steuerung und Feinabstimmung der Motorik**. Dabei haben die drei Kleinhirnanteile verschiedene Aufgaben:

Kleinhirnstiel	Bahn	Faserqualität
Pedunculus cerebellaris inferior	– Tractus vestibulocerebellaris – Tractus olivocerebellaris – Tractus spinocerebellaris posterior – Tractus reticulocerebellaris	afferent
	– Tractus cerebellovestibularis – Tractus cerebelloolivaris	efferent
Pedunculus cerebellaris medius	– Fibrae pontocerebellares	afferent
Pedunculus cerebellaris superior	– Tractus spinocerebellaris anterior – Tractus spinocerebellaris superior	afferent
	– Tractus cerebellothalamicus – Tractus cerebellorubralis	efferent

Tab. 2: Kleinhirnstiele und durchziehende Bahnen

2 Kleinhirn (Cerebellum)

- Das **Vestibulocerebellum** mit seinen Afferenzen aus den Vestibulariskernen steuert die Feinabstimmung der Augenmuskeln. Über die Extrapyramidalmotorik nimmt es Einfluss auf die **Stabilisierung von Stand und Gang** und die **Koordination mit dem Gleichgewichtsorgan**.
- Das **Spinocerebellum** mit seinen Afferenzen aus dem Rückenmark beeinflusst den **Muskeltonus** und die **Bewegung vorwiegend der proximalen Extremitäten**.
- Das **Pontocerebellum koordiniert** die vom Motokortex generierten willkürlichen Zielbewegungen, die über die Pyramidenbahnen ins Rückenmark gelangen. Ebenso sorgt es für die **Feinabstimmung** dieser Bewegungen, damit diese rund und harmonisch verlaufen.

Bei Schädigung des Kleinhirns kommt es zu **Ataxie, mangelnder Blickstabilisierung** und **herabgesetztem Muskeltonus**.
Das Ausmaß der Symptome ist vom Ausmaß der Schädigung abhängig.

DEINE FRAGE – VIELE ANTWORTEN

WWW.MEDI-LEARN.DE/SKR-FOREN

AB DEM 5. SEMESTER GEHT ES ERST RICHTIG LOS

MEDI-LEARN FOREN

3 Zwischenhirn (Diencephalon)

Fragen in den letzten 10 Examen: 4

Das Zwischenhirn nimmt eine zentrale Stellung in der Wahrnehmung von Reizen über den Thalamus – unserem „Tor zum Bewusstsein" – ein.

3.1 Makroskopie

Das Zwischenhirn beginnt kranial des Mittelhirns. Da während der Embryonalzeit Zwischenhirn und Großhirn zum Teil ineinander wachsen, ist es nach kranial gegen das Großhirn wesentlich schwieriger abzugrenzen als nach kaudal gegen das Mittelhirn. Wie bereits im Skript Anatomie 2 beschrieben, kommt es während der Entwicklung zum Abkippen der Neuralrohrachse zwischen Mittelhirn und Zwischenhirn nach vorne um 60°. In Abb. 9, S. 20 sind die Strukturen des Zwischenhirns grau unterlegt. Das Zwischenhirn kann weiter unterteilt werden in:
- Thalamus,
- Hypothalamus,
- Epithalamus,
- Subthalamus.

Übrigens ...
Diese Einteilung resultiert aus der Lage der Organe während der Embryonalzeit.

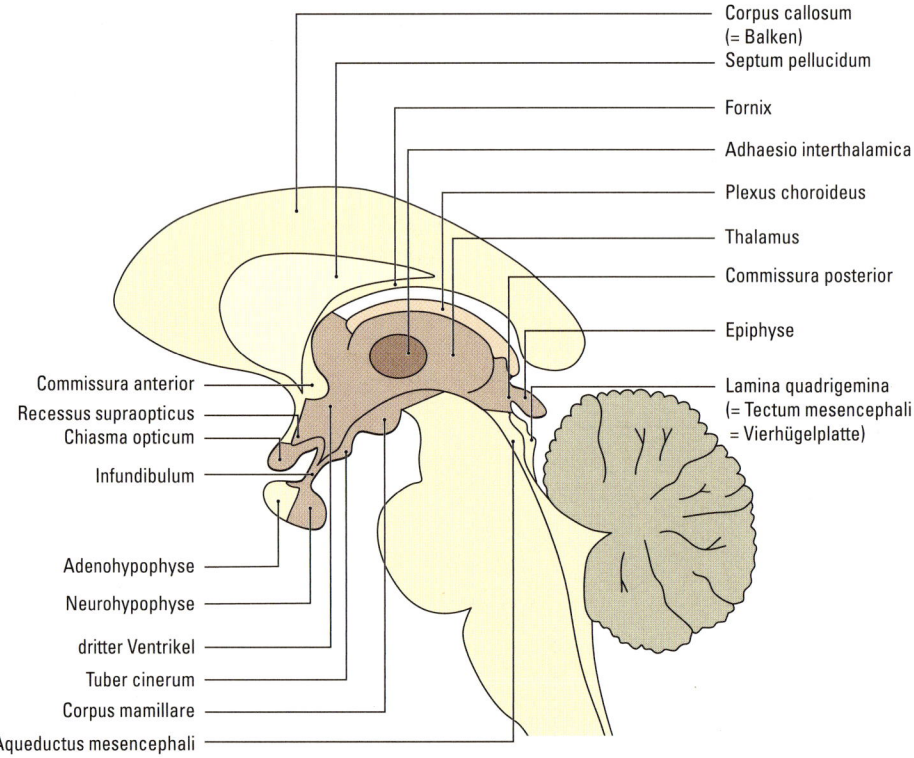

Abb. 9: Sagittalschnitt durch das Zwischenhirn

medi-learn.de/6-ana3-9

3.2 Thalamus

Der Thalamus wird auch als das „Tor zum Bewusstsein" bezeichnet, weil nahezu sämtliche sensible Informationen ihn durchlaufen, bevor sie im Großhirnkortex zum Bewusstsein gelangen. Die mediale Fläche bildet die Seitenwand des dritten Ventrikels, die laterale Thalamusfläche grenzt an die Capsula interna.

> **Merke!**
>
> Man unterscheidet zwei Arten von Thalamuskernen:
> - Die spezifischen Thalamuskerne üben Einfluss auf einen speziellen Teil der Großhirnrinde aus.
> - Die unspezifischen Thalamuskerne sind vor allem mit dem Hirnstamm verbunden und haben kaum direkte Verbindungen zum Großhirnkortex.

3.2.1 Spezifischer Thalamus (Palliothalamus)

Im spezifischen Thalamus kann man nach topografischen Gesichtspunkten verschiedene Kerne unterscheiden (s. Tab. 3, S. 21):

Diese Kerngebiete werden voneinander durch dünne „Lamellen" weißer Substanz getrennt. Wesentlich ist vor allem die ventrale Kerngruppe, die sich wiederum gliedert in:
- Ncl. ventralis anterior (NVA),
- Ncl. ventralis lateralis (NVL),
- Ncl. ventralis posterior (NVP).

Jedem Kerngebiet lässt sich ein Kortexareal zuordnen. Zwischen den Thalamuskernen und den entsprechenden Kortexarealen bestehen afferente und efferente Verbindungen.

> **Merke!**
>
> Der Tractus opticus enthält die visuelle Information der kontralateralen Gesichtsfeldhälfte und damit die Information der ipsilateralen Netzhauthälften beider Retinae.

Die Afferenzen des **Corpus geniculatum mediale** entstammen dem ipsilateralen unteren Hügel und sind Teil der Hörbahn. Die **Ncll. anteriores** stehen mit dem **limbischen System** in Verbindung. Die Afferenzen stammen z. T. aus dem **Fasciculus mamillothalamicus** (Vicq-d'Azyr-Bündel). Efferent sind die vorderen Kerne vor allem mit dem Gyrus cinguli und dem Hippocampus verbunden. Sie sind Bestandteil des **Papez-Neuronenkreises**.

Kerngruppe	Projektion
anteriore Kerngruppe	Projektion ins limbische System
mediale Kerngruppe	Projektion zum Frontallappen
ventrale Kerngruppe	– NVA (Ncl. ventralis anterior) – prämotorische Rinde – NVL (Ncl. ventralis lateralis) – motorische Rinde – NVP (Ncl. ventralis posterior) – sensible Rinde • lateraler und medialer Teil
posteriore Kerngruppe	—
dorsale Kerngruppe	Projektion zu visuellen Rindenarealen
Corpus geniculatum laterale	Projektion in die Sehrinde des Okzipitallappens
Corpus geniculatum mediale	Projektion in die Hörbahn des Temporallappens

Tab. 3: Thalamische Kerngruppen und deren Projektion

3 Zwischenhirn (Diencephalon)

3.2.2 Unspezifischer Thalamus (Truncothalamus)

Die unspezifischen Thalamuskerne sind **afferent** mit den Basalganglien, dem Kleinhirn sowie vor allem mit der Formatio reticularis (s. 1.3.3, S. 5) verbunden. Die **Efferenzen** ziehen zu den meisten anderen Thalamuskernen sowie zur Großhirnrinde.

Die Impulse des ARAS der Formatio reticularis gelangen als Afferenzen zum unspezifischen Thalamus. Dieser erregt mit seinen vielen Efferenzen die anderen (spezifischen) Thalamuskerne, die wiederum starke Verbindungen zum Kortex aufweisen. Damit wird fast der gesamte Kortex aktiviert.

> **Merke!**
>
> Die unspezifischen Thalamuskerne sind nur durch wenige (unspezifische) Fasern mit dem Großhirnkortex verbunden. Dabei führt die Erregung der unspezifischen Thalamuskerne zu einer unspezifischen Erregung des gesamten Kortex.

Bei einer Schädigung des Thalamus sind in aller Regel Motorik, Sensibilität und vegetative Funktionen der kontralateralen Körperhälfte gestört. Die Ausfallerscheinungen richten sich dabei nach den geschädigten Thalamuskerngebieten.

3.3 Hypothalamus

Der Hypothalamus bildet den Boden des dritten Ventrikels. Zu ihm gehören die
- Corpora mamillaria,
- das Tuber cinerum,
- das Infundibulum,
- die Neurohypophyse und
- die Eminentia mediana.

Funktionell ist der Hypothalamus das **höchste Integrationsorgan vegetativer Funktionen**. Dementsprechend sind die meisten Hypothalamuskerne efferent mit vegetativen Zentren in Hirnstamm und Rückenmark verbunden. Die Afferenzen stammen aus dem gesamten ZNS, insbesondere jedoch aus dem limbischen System.

Wie Abb. 10, S. 23 zeigt, kann man die Hypothalamuskerne in eine vordere, mittlere und hintere Kerngruppe einteilen.

Die Wirkungsweise des neurohypophysären Regelkreislaufs ist Bestandteil des Skripts Physiologie 2.

Tab. 4, S. 23 musst du übrigens nicht auswendig lernen. Lediglich das Fettgedruckte wurde im schriftlichen Physikum bisher gefragt.

3.3.1 Wichtige hypothalamische Faserverbindungen

Der Hypothalamus ist afferent und efferent sehr intensiv mit dem **limbischen System** verbunden.
- Der **Fornix** verbindet Hippocampus und Corpora mamillaria der gleichen Seite.
- Der **Fasciculus longitudinalis posterior** führt – überwiegend ungekreuzt – vorrangig efferente Fasern in den Hirnstamm und in das Seitenhorn des Rückenmarks.

3.4 Hypophyse

Die Hypophyse lässt sich embryologisch unterteilen in
- Hypophysenhinterlappen (HHL, Neurohypophyse) und
- Hypophysenvorderlappen (HVL, Adenohypophyse).

3.4 Hypophyse

Kerngebiet	Lage	Funktion
Ncl. supraopticus	liegt über dem Tractus opticus	produziert Vasopressin (ADH, antidiuretisches Hormon) und z. T. auch Oxytocin; projiziert in die Neurohypophyse
Ncl. paraventricularis	liegt in der basalen Seitenwand des dritten Ventrikels	Hauptproduzent von Oxytocin (Kontraktion des Uterus, Milchejektionshormon); Projektion in die Neurohypophyse und über die **Eminentia mediana** in die Adenohypophyse
Ncl. suprachiasmaticus (einziges bisher gefragtes Kerngebiet)	liegt oberhalb des Chiasma opticum	entscheidende Bedeutung für die **zirkadiane Rhythmik**, Hell-Dunkel-Impulse werden z. B. über retino-hypothalamische Projektionen geleitet
Ncll. praeoptici	—	Regulation von Körpertemperatur, Sexualverhalten, gonadotropen Hormonen der Hypophyse
mittlere Kerngruppe	—	Produktion von **Releasinghormonen** für die Adenohypophyse, die in der **Eminentia mediana** in den hypophysären Pfortaderkreislauf ausgeschüttet werden
hintere Kerngruppe	liegt in den Corpora mamillaria	viszerale Efferenzen in Hirnstamm und Rückenmark (v. a. über den Fasciculus longitudinalis posterior); viele Afferenzen über den **Fornix** aus dem **Hippocampus** (limbisches System), die über den **Fasciculus mamillothalamicus** (Vicq-d'Azyr-Bündel) zum Thalamus und von dort zum Gyrus cinguli und Hippocampus projizieren; wesentliche Funktion für Selbsterhaltung und Reproduktion sowie das Lernen

Tab. 4: Hypothalamische Kerngebiete, deren Lage und Funktion

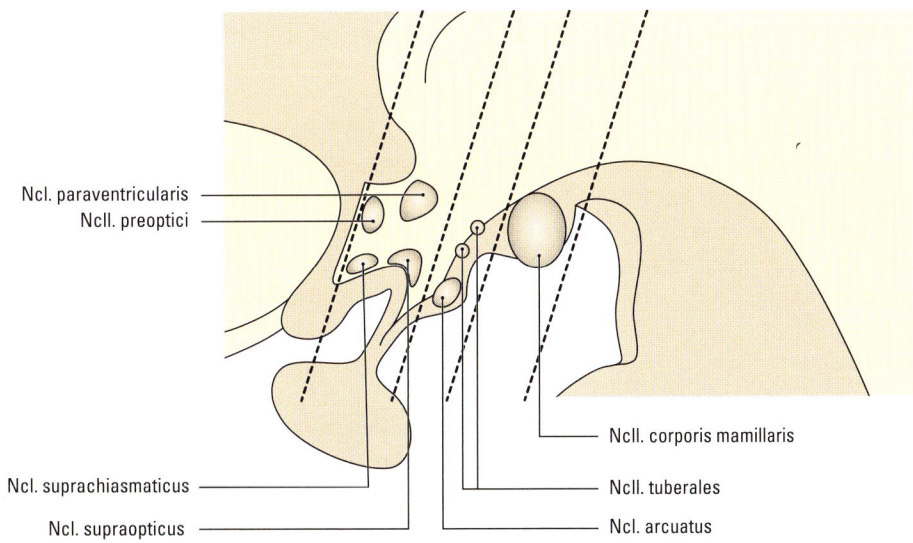

Abb. 10: Hypothalamuskerne   medi-learn.de/6-ana3-10

3 Zwischenhirn (Diencephalon)

3.4.1 Neurohypophyse

Die Neurohypophyse gehört embryologisch zum Hypothalamus. Im Bereich der Eminentia mediana und der Neurohypophyse ist KEINE dichte Blut-Hirn-Schranke ausgebildet, sodass hier die Hormone (Oxytocin und Vasopressin) in das Blut via **Neurosekretion** abgegeben werden können.

> **Merke!**
>
> - Neurohypophyse (HHL), Area postrema, Eminentia mediana (Infundibulum), Epiphyse, Subfornikalorgan und Subkommissuralorgan besitzen KEINE Blut-Hirn-Schranke.
> - Die Neurohypophyse produziert keine eigenen Hormone, sondern speichert Oxytocin und Vasopressin, die im Hypothalamus gebildet werden.

3.4.2 Adenohypophyse

Die Adenohypophyse entsteht embryologisch aus der **Rathke-Tasche**, einer Abspaltung des Rachendachs, und legt sich ventral der Neurohypophyse an.

> **Übrigens …**
> Bleiben Reste der Rathke-Tasche im Rachendach liegen, können diese meist gutartige, z. T. verkalkende Tumoren bilden, die **Kraniopharyngeome**.

Auch Tab. 5, S. 24 brauchst du nicht auswendig aufsagen zu können. Sie soll dir nur die Übersicht erleichtern.

Hormon	Funktion	Releasing-Hormon	Releasing-Inhibiting-Hormon
somatotropes Hormon (STH, Wachstumshormon, Growth Hormon)	Förderung von Körperwachstum, Proteinsynthese und Blutzuckeranstieg	Somatotropin-Releasing-Hormon (SRH)	Somatotropin-Inhibiting-Hormon (SIH)
Prolaktin (PRL)	Milchbildung	Prolaktin-Releasing-Hormon (Peptide)	Prolaktin-Inhibiting-Hormon (Dopamin)
Kortikotropin (Adrenocorticotropes Hormon, ACTH)	Sekretionsreiz für die Nebennierenrinde	Kortikotropin-Releasing-Hormon (CRH)	kein spezielles Hormon, sondern Inhibition von CRH-Bildung durch Cortisol
Melanotropin (Melanozyten-stimulierendes Hormon, MSH)	Pigmentierung der Haut	Melanotropin-Releasing-Hormon (MRH)	Melanotropin-Inhibiting-Hormon (MIH)
Follikel-stimulierendes Hormon (FSH)	stimuliert die Eizell- und Spermienreifung	Gonadotropin-Releasing-Hormon (GnRH)	Dopamin (inhibiert GnRH-Ausschüttung im Hypothalamus)
luteotropes Hormon (LH)	Gelbkörperbildung im Eierstock, Testosteron-Produktion im Hoden	Gonadotropin-Releasing-Hormon (GnRH)	Dopamin (inhibiert GnRH-Ausschüttung im Hypothalamus)
Thyreotropin (Thyreoidea-stimulierendes Hormon, TSH)	Sekretionsreiz für die Schilddrüse (Stimulation der Thyroxinfreisetzung)	Thyreotropin-Releasing-Hormon (TRH)	Somatotropin-Inhibiting-Hormon (SIH)

Tab. 5: Überblick über die hypophysären Hormone, deren Funktionen sowie Releasing- und Releasing-Inhibiting-Hormone

3.4.3 Hypothalamo-hypophysärer Pfortaderkreislauf

Der Hypophysenvorderlappen umhüllt die Neurohypophyse von vorne, besteht aus **Drüsenepithel** und liegt direkt unterhalb des Chiasma opticum.

Die Adenohypophyse bildet **glandotrope** und **Effektorhormone**. Die Freisetzung dieser Hormone wird über **Releasing-Hormone** und **Releasing-Inhibiting-Hormone** aus dem Hypothalamus gesteuert.

> **Übrigens ...**
> Häufige, gutartige Tumoren des Hypophysenvorderlappens sind die **Hypophysenadenome**. Dabei kommt es durch entartete Zellen zur vermehrten Hormonproduktion, meist des Wachstumshormons. Bei Kindern führt dies zu Riesenwuchs, bei Erwachsenen zu **Akromegalie**.

3.4.3 Hypothalamo-hypophysärer Pfortaderkreislauf

Nachdem das Blut die Kapillaren im Bereich der Eminentia mediana durchlaufen hat, fließt es durch ein zweites Kapillarbett im Bereich des Hypophysenvorderlappens. Damit kommen die hypothalamischen Releasing-Hormone direkt und in hoher Konzentration an den Epithelzellen der Adenohypophyse an. Diese reagiert mit Sekretionssteigerung oder -minderung des entsprechenden Hormons.

3.5 Epithalamus

Der Epithalamus sitzt dem Thalamus von hinten auf. Zu ihm gehören
- Epiphyse (Glandula pinealis, Corpus pineale, Zirbeldrüse),
- Habenulae mit den Ncll. habenulares,
- Stria medullaris,
- Area praetectalis und
- Commissura posterior.

Die **Epiphyse** sieht makroskopisch wie ein Pinienzapfen aus und produziert in erster Linie **Melatonin**. Dieses Hormon arbeitet als eine Art Zeitgeber und wirkt so am Entstehen der zirkadianen Rhythmik entscheidend mit.

Die **Area praetectalis** spielt eine wichtige Rolle beim Zustandekommen des **Pupillen-Reflexes**. Sie liegt rostral der oberen zwei Hügel an der Grenze von Mittelhirn und Zwischenhirn. Afferenzen erhält sie über den Tractus opticus und die Brachii colliculi superiores. Die Efferenzen laufen sowohl zum ipsi- als auch zum kontralateralen Ncl. accessorius n. oculomotorii. Dieser Kern veranlasst die Kontraktion des M. sphincter pupillae. Bei Beleuchtung nur einer Pupille verengen sich daher beide Pupillen.

> **Merke!**
> Die **Z**irbeldrüse = Epiphyse ist der **Z**ippel am Diencephalon.

> **Übrigens ...**
> Die Stria medullaris thalami (nicht verwechseln mit der Stria terminalis, s. 4.3, S. 34) ist die Fortsetzung der Habenulae. Sie verbindet die Ncll. habenulares mit dem Riechhirn.

3.6 Subthalamus

Hierzu werden der **Ncl. subthalamicus** sowie ein Großteil des **Globus pallidus** gezählt. Funktionell gehören diese Gebiete zu den Basalganglien, weshalb sie auch erst dort eingehend besprochen werden (ab Seite 32).

DAS BRINGT PUNKTE

Du solltest die vier **Kleinhirnkerne** benennen und im Bild erkennen können:
- Ncl. dentatus,
- Ncl. emboliformis,
- Ncl. fastigii und
- Ncl. globosus.

Gern wird auch nach den **Kleinhirnstielen** und den durchziehenden Bahnen gefragt. Hier lohnt es sich, auch die Faserqualität (afferent, efferent) parat zu haben.
Mit Hilfe der **Kleinhirn-Gliederung** in Vestibulocerebellum (Lobus flocculonodularis), Spinocerebellum (vermale und paravermale Zone) und Pontocerebellum lassen sich viele Fragen lösen:
- Das Vestibulocerebellum erhält seine Afferenzen überwiegend aus dem Vestibularapparat.

Obwohl es eher Thema der Histologie ist, solltest du auch für das ZNS einen groben Überlick über die drei **Rindenschichten** haben. Häufig wurde nach der Purkinje-Zellschicht gefragt:
- Die Purkinje-Zellschicht liegt zwischen der Molekularschicht (außen) und der Körnerschicht (innen) und besteht aus Purkinje-Zellen. Sie sind die einzigen efferenten Zellen der Kleinhirnrinde, projizieren in die Kleinhirnkerne und wirken dort mit ihrem Transmitter GABA hemmend.

Mehrfach wurde auch nach dem **Tractus spinocerebellaris posterior** gefragt:
- Der Tractus spinocerebellaris posterior zieht vom Ncl. dorsalis (Stilling-Clarke) des Hinterhorns und führt **propriozeptiv-sensible Informationen** der ipsilateralen Körperhälfte als **Moosfasern** zum Kleinhirn.

Glücklicherweise wurde in den letzten schriftlichen Examina fast nichts zum Thalamus gefragt. Dafür kamen einige Fragen zur **Hypophyse**:
- Der Hypophysenhinterlappen besteht größtenteils aus marklosen Axonen der Zellen des Ncl. paraventricularis et supraopticus und gibt die Hormone Oxytocin und Vasopressin ins Blut ab.
- Der Hypophysenvorderlappen besteht aus Drüsenepithel und produziert STH, Prolaktin, ACTH, MSH, FSH, LH und TSH.
- Das Chiasma opticum liegt oberhalb des Hypophysenvorderlappens.
- Die Hypophyse ist in einen Pfortaderkreislauf – den hypothalamo-hypophysären Pfortaderkreislauf – eingebunden: Das Blut aus den Kapillaren im Bereich der Eminentia mediana durchläuft ein zweites Kapillarnetz im Hypophysenvorderlappen.

FÜRS MÜNDLICHE

Für dich alleine oder für deine Lerngruppe haben wir hier die Fragen zu dem Thema Kleinhirn und Zwischenhirn aufgelistet:

1. Bitte nennen Sie die wichtigen Kerne im Kleinhirn!

2. Erläutern Sie das efferente System der Kleinhirnrinde, von welchen Zellen stammen dessen Axone und wo enden sie mit welchem Einfluss?

FÜRS MÜNDLICHE

3. Wohin sendet das Cerebellum seine Efferenzen?

4. Wissen Sie, welche Fasern aus der Olive ins Kleinhirn kommen? Wie gelangen sie ins Kleinhirn?

5. Sagen Sie, welchen Kleinhirnstiel benutzen die Afferenzen zum Kleinhirn?

6. Nennen Sie bitte den Kleinhirnstiel, den die Efferenzen vom Kleinhirn benutzen!

7. Erläutern Sie bitte, was eine Rathke-Tasche ist!

8. Das Globus pallidum gehört zu den Basalganglien. Was hat es mit dem Zwischenhirn zu tun?

9. Beschreiben Sie, was der Lemniscus medialis ist und welche Aufgabe er hat!

10. Was ist der Lemniscus lateralis und nennen Sie seine Aufgaben!

11. Sagen Sie, was wird als „Tor des Bewusstseins" bezeichnet und warum?

---

1. Bitte nennen Sie die wichtigen Kerne im Kleinhirn!
Ncl. dentatus, Ncl. emboliformis, Ncl. globosus, Ncl. fastigii.

2. Erläutern Sie das efferente System der Kleinhirnrinde, von welchen Zellen stammen dessen Axone und wo enden sie mit welchem Einfluss?
Purkinje-Zellen sind die efferenten Zellen der Kleinhirnrinde, sie enden mit ihren inhibitorischen Axonen an den Kleinhirnkernen.

3. Wohin sendet das Cerebellum seine Efferenzen?
– Thalamus,
– Ncl. ruber,
– Ncll. vestibulares (über den unteren Kleinhirnstiel) und
– Formatio reticularis.

4. Wissen Sie, welche Fasern aus der Olive ins Kleinhirn kommen? Wie gelangen sie ins Kleinhirn?
Die Kletterfasern ziehen von der Olive über den Tractus olivocerebellaris und über den Pedunculus cerebellaris inferior ins Kleinhirn.

5. Sagen Sie, welchen Kleinhirnstiel benutzen die Afferenzen zum Kleinhirn?
Die Afferenzen zum Kleinhirn benutzen alle drei Kleinhirnstiele. Kommen sie aus dem Großhirn, erreichen sie das Kleinhirn über den mittleren Kleinhirnstiel, Fasern aus dem Rückenmark (spinocerebelläre Fasern) nutzen den unteren und oberen Kleinhirnstiel.

6. Nennen Sie bitte den Kleinhirnstiel, den die Efferenzen vom Kleinhirn benutzen!
Die Efferenzen des Kleinhirns bilden den Hauptanteil des oberen Kleinhirnstiels.

7. Erläutern Sie bitte, was eine Rathke-Tasche ist!
Eine Abspaltung des Rachendachs. Aus ihr entsteht die Adenohypophyse, die sich ventral an die Neurohypophyse anlegt.

8. Das Globus pallidum gehört zu den Basalganglien. Was hat es mit dem Zwischenhirn zu tun?
Der größte Teil des Globus pallidum sowie der Ncl. subthalamicus entwickeln sich aus dem Subthalamus des Zwischenhirns.

FÜRS MÜNDLICHE

9. Beschreiben Sie, was der Lemniscus medialis ist und welche Aufgabe er hat!
Der Lemniscus medialis enthält die Vorderseitenstrang- und Hinterseitenstrangbahnen: Tractus spinothalamici, Tractus bulbothalamici.
Seine Aufgabe ist die Vermittlung der Tiefen- und Oberflächensensibilität.

10. Was ist der Lemniscus lateralis und nennen Sie seine Aufgaben!
Der Lemniscus lateralis enthält Projektions- und Reflexfasern der Hörbahn (Hörschleife).

11. Sagen Sie, was wird als „Tor des Bewusstseins" bezeichnet und warum?
Der Thalamus. Alle afferenten Bahnen mit Ausnahme der Riechbahn ziehen durch den Thalamus (das Tor), bevor sie im Kortex zum Bewusstsein gelangen.

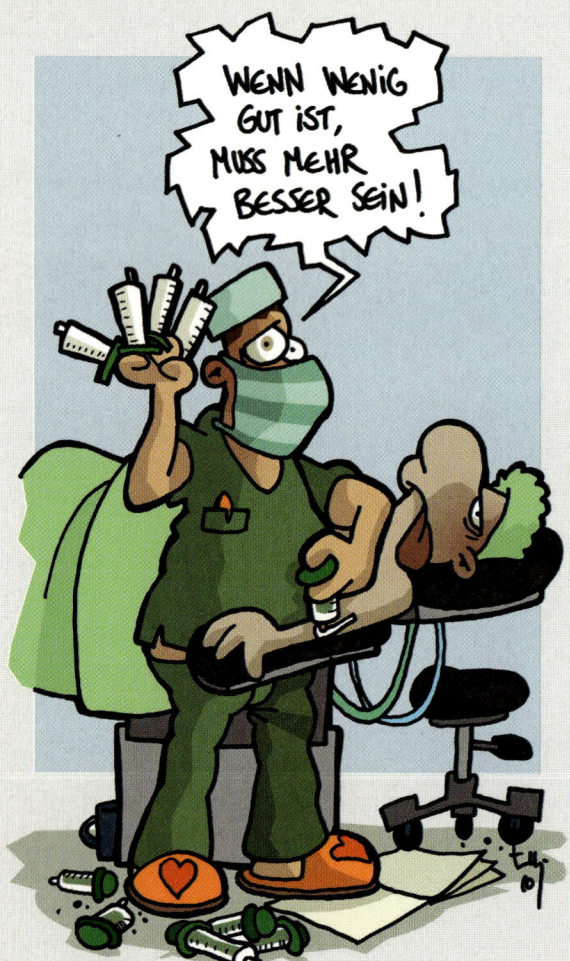

Mehr Cartoons unter www.medi-learn.de/cartoons

Pause

Ein paar Seiten hast du schon wieder geschafft!
Päuschen und weiter geht's!

Ihre Arbeitskraft ist Ihr Startkapital. Schützen Sie es!

DocD'or – intelligenter Berufsunfähigkeitsschutz für Medizinstudierende und junge Ärzte:

- Mehrfach ausgezeichneter Berufsunfähigkeitsschutz für Mediziner, empfohlen von den großen Berufsverbänden

- Stark reduzierte Beiträge, exklusiv für Berufseinsteiger und Verbandsmitglieder

- Versicherung der zuletzt ausgeübten bzw. der angestrebten Tätigkeit, kein Verweis in einen anderen Beruf

- Volle Leistung bereits ab 50 % Berufsunfähigkeit

- Inklusive Altersvorsorge mit vielen individuellen Gestaltungsmöglichkeiten

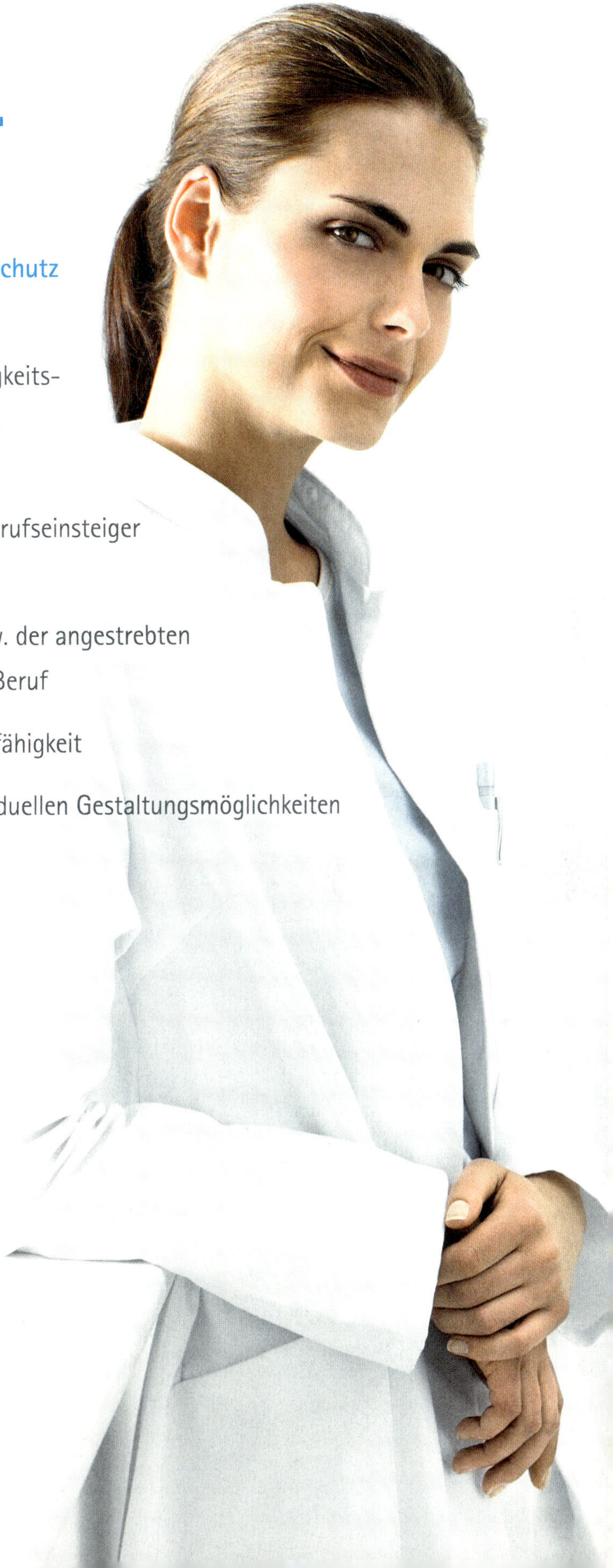

Lassen Sie sich beraten!

Nähere Informationen und unseren Repräsentanten vor Ort finden Sie im Internet unter www.aerzte-finanz.de

Standesgemäße Finanz- und Wirtschaftsberatung

4 Großhirn (Telencephalon)

Fragen in den letzten 10 Examen: 17

Das Großhirn ist der differenzierteste Teil des Gehirns. Es hat im Laufe der Entwicklung fast alle anderen Hirnteile überwachsen. Dieses Kapitel behandelt seine prüfungsrelevanten makroskopischen und funktionellen Fakten.

4.1 Makroskopie

Mit Hilfe der folgenden Abbildungen solltest du dir einen Überblick über die essentiellen makroskopischen Strukturen am Gehirn verschaffen. Damit lassen sich nämlich schon viele Fragen mit Bildbeilage beantworten.

Im Großhirn lassen sich vier Hemisphärenabschnitte unterscheiden:
- **Paleokortex** – ältester Abschnitt, beim Erwachsenen nur noch als Riechhirn,
- **Striatum** – nächstjüngerer Abschnitt,
- **Archikortex** – größte Struktur ist der Hippocampus und
- **Neokortex** – größter Teil der Großhirnrinde.

Histologisch lässt sich der Großhirnkortex in über 50 Rindenfelder oder **Areae** – die **Brodmann-Areae** – einteilen.

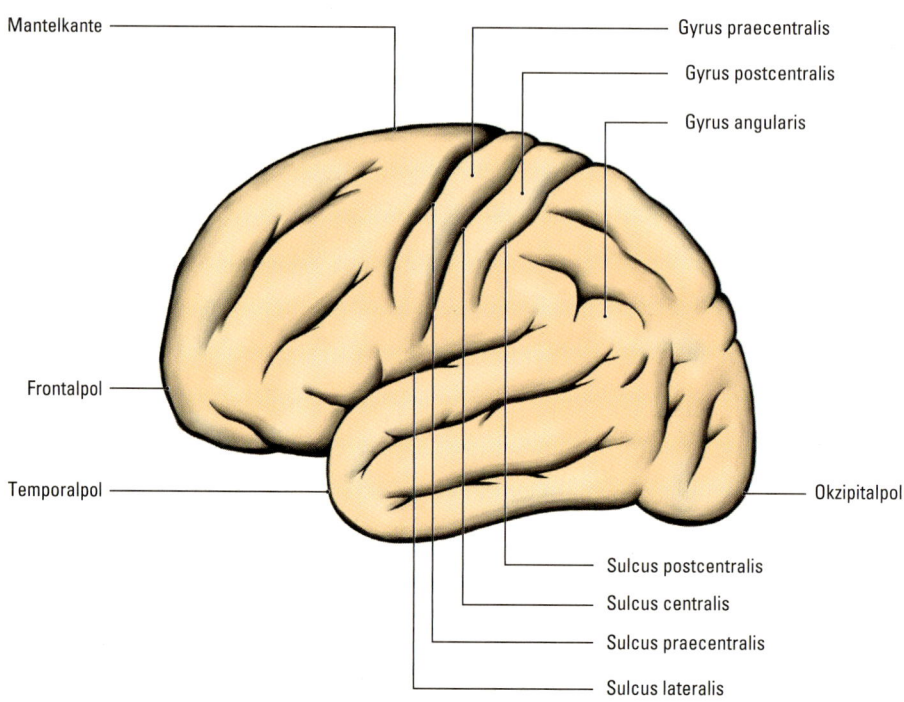

Abb. 11: Lateralansicht des Großhirns

medi-learn.de/6-ana3-11

4.1 Makroskopie

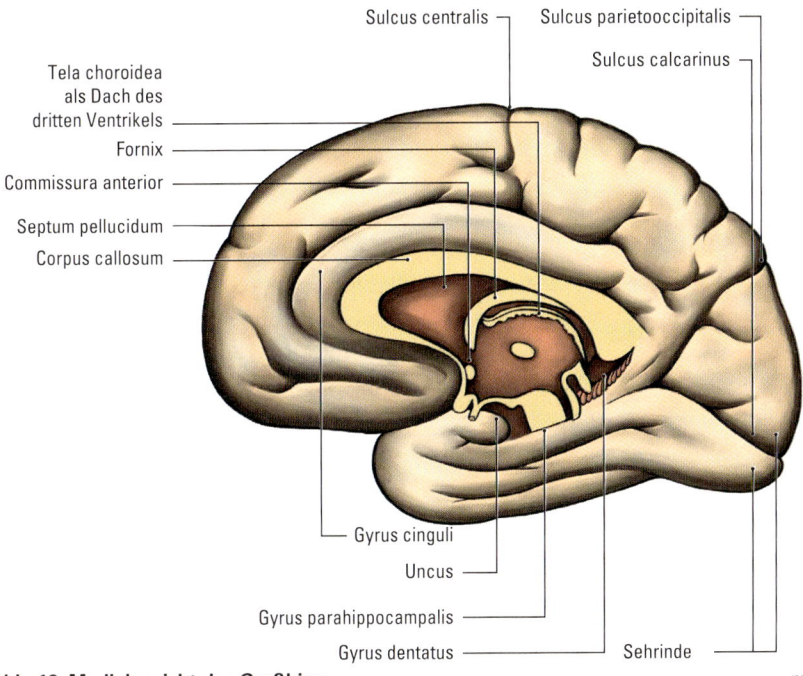

Abb. 12: Medialansicht des Großhirns

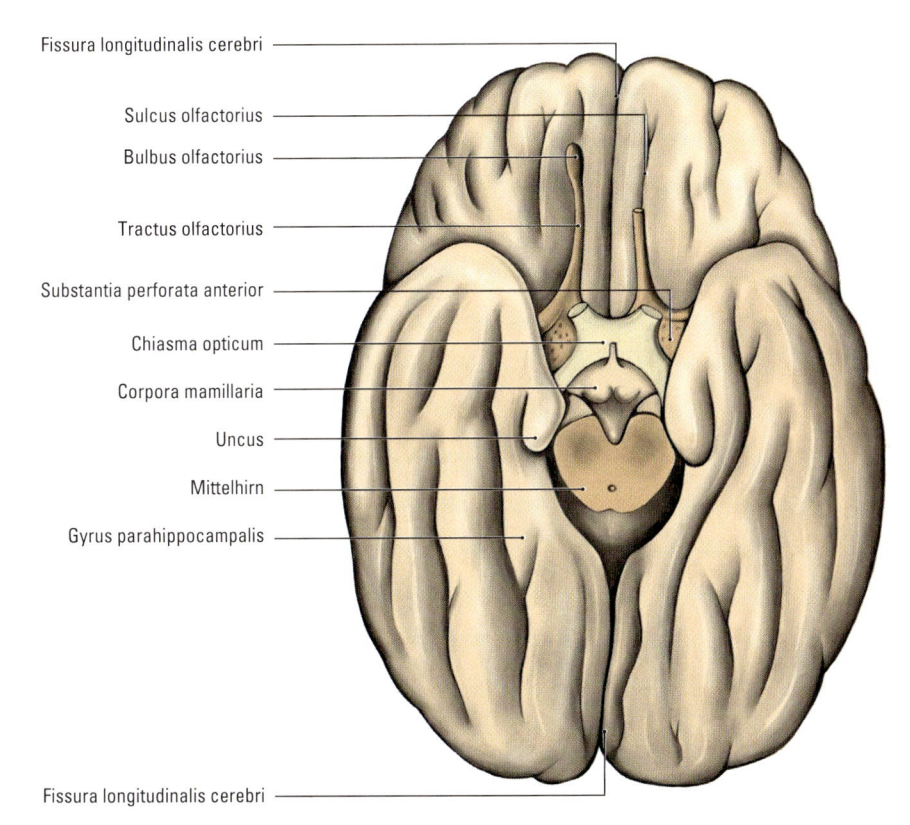

Abb. 13: Basalansicht des Großhirns

4 Großhirn (Telencephalon)

4.2 Basalganglien

Basalganglien sind Kerne im Marklager des Großhirns. Dazu gehören
- das **Striatum** (bestehend aus **Ncl. caudatus** und **Putamen**) und
- das **Pallidum** (Globus pallidus).

Funktionell lassen sich der Ncl. subthalamicus und die Substantia nigra dazu zählen.

> **Übrigens ...**
> Nach alter Nomenklatur werden Putamen und Pallidum als **Ncl. lentiformis** bezeichnet.

Der Ncl. caudatus liegt wie ein Schweif um das Putamen herum und bildet im oberen Teil zusammen mit dem Thalamus den Boden des Seitenventrikels und im unteren Teil das Ventrikeldach. Medial des Putamens liegt das Pallidum, bestehend aus zwei Segmenten. Wiederum medial davon trennt die **Capsula interna** das Pallidum vom Thalamus.

4.2.1 Striatum

Das Striatum besteht aus **Putamen** und **Ncl. caudatus**. Beide Teile entstammen einer gemeinsamen Anlage und werden durch die einsprossende Capsula interna getrennt. Funktionell ist das Striatum eine wichtige Schaltstelle motorischer Impulse.

Die **Afferenzen** stammen überwiegend aus der ipsilateralen Hirnhälfte von
- **Kortex** (vom motorischen, sensorischen und präfrontalen Assoziationskortex),
- **Substantia nigra** und
- **Thalamus**.

Die **Fibrae corticostriatales** wirken mit ihrem Transmitter **Glutamat** erregend auf das Striatum. Die **Fibrae nigrostriatales** wirken mit ihrem Transmitter **Dopamin** hemmend auf das Striatum.

Efferent ist das Striatum mit dem **Pallidum** und der **Substantia nigra** verbunden. Die striatalen Neurone wirken durch ihren Transmitter **GABA** hemmend in ihren Projektionsgebieten.

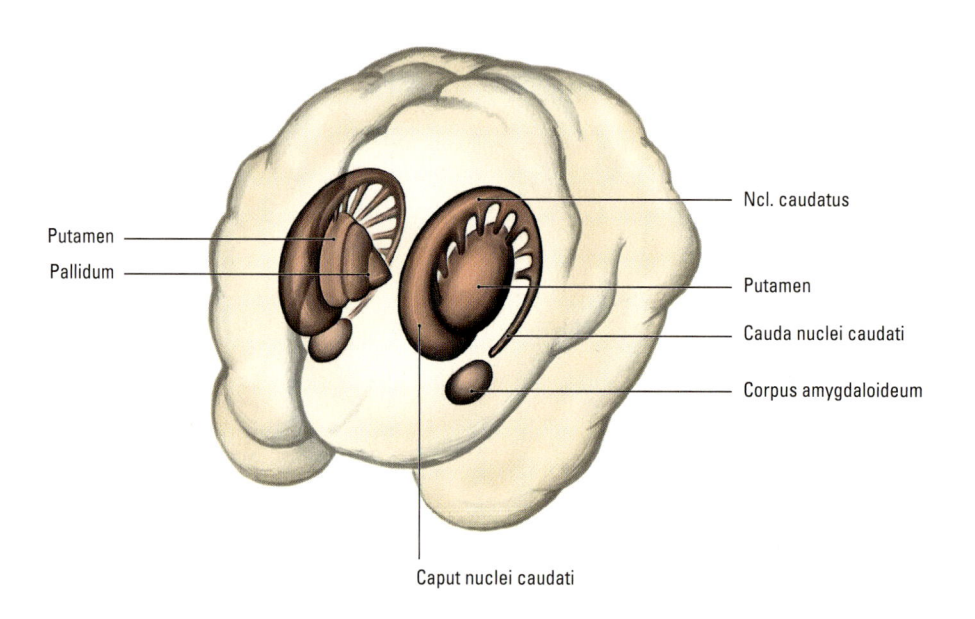

Abb. 14: Lage der Basalganglien

medi-learn.de/6-ana3-14

4.2.2 Pallidum

Funktion: Über die kortikostriatalen Bahnen bekommt das Striatum vor allem motorische Impulse zugeleitet. Diese Bewegungsimpulse werden hier überwiegend **hemmend** bearbeitet. Einige Impulse werden jedoch auch **fördernd** bearbeitet.

> **Merke!**
> - Das Striatum kann Bewegungsimpulse ganz oder teilweise unterdrücken.
> - Dem Striatum wird auch der Nukleus accumbens zugeordnet. Er spielt eine zentrale Rolle im „Belohnungssystem" des Gehirns sowie bei der Entstehung von Sucht.

4.2.2 Pallidum

Das Pallidum stammt entwicklungsgeschichtlich zu großen Teilen vom Zwischenhirn ab und kann als funktioneller Antagonist des Striatums verstanden werden.
Die **Afferenzen** stammen von **Striatum, Ncl. subthalamicus** und **Thalamus**. Dabei wirken die Fasern aus dem Striatum hemmend auf das Pallidum.

Die **Efferenzen** laufen zum **Thalamus** (Ncl. ventralis anterior). Dieser Kern projiziert erregend in die motorische Hirnrinde. Hemmende Efferenzen laufen zum **Ncl. subthalamicus**.
Funktion: Das mediale Pallidumsegment wirkt **hemmend** auf motorische Impulse. Das laterale Pallidumsegment wirkt **fördernd** auf motorische Impulse.

> **Merke!**
> Das Pallidum wirkt eher bahnend für motorische Impulse.

4.2.3 Nukleus subthalamicus

Der Ncl. subthalamicus entstammt ebenfalls dem Zwischenhirn und liegt ventromedial des Pallidums. Afferent und efferent ist er v. a. mit dem Pallidum verbunden.
Funktion: Er **hemmt** Bewegungsimpulse.

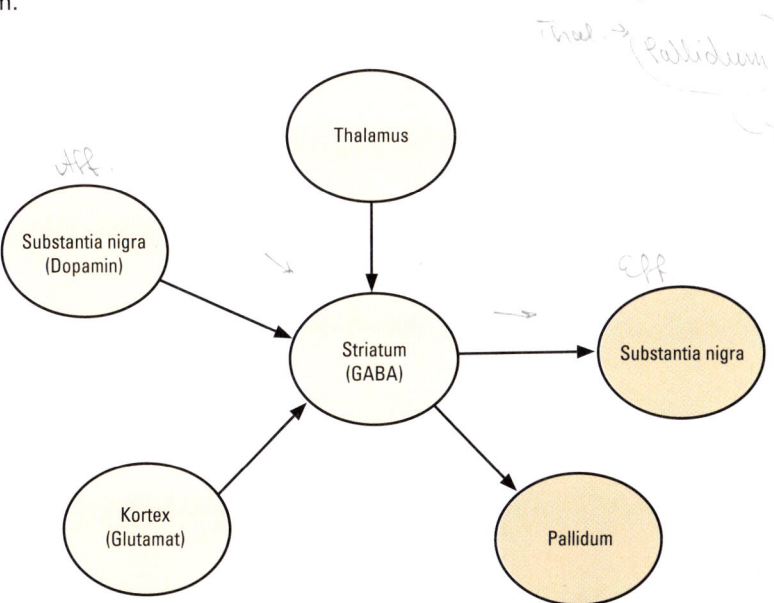

Abb. 15: Afferenzen und Efferenzen des Striatums

medi-learn.de/6-ana3-15

4 Großhirn (Telencephalon)

4.2.4 Claustrum

Diese dünne Schicht grauer Substanz liegt zwischen Striatum und Inselrinde. Ihre Funktion ist bisher nicht bekannt.

4.2.5 Vom Bewegungsimpuls zur Bewegung

Der Bewegungsantrieb entsteht im limbischen System und wird an den Assoziationskortex weitergeleitet. Von dort existieren **drei Wege**, die letztlich alle im Thalamus und anschließend im Motokortex enden. Von dort erfolgt die Weiterleitung der Impulse über die kortikonukleäre und/oder die kortikospinale Bahn. Abb. 16, S. 34 zeigt diese drei Wege.

> **Merke!**
>
> Die motorischen Impulse werden vom Kleinhirn fein abgestimmt und von den Basalganglien bahnend oder unterdrückend bearbeitet.

4.3 Paleokortex und Riechhirn

Der Paleokortex ist der älteste Teil der Hemisphären. Er liegt frontobasal und umfasst
- Bulbus olfactorius und Tractus olfactorius,
- Tuberculum olfactorium,
- Septum (NICHT das Septum pellucidum!) und
- kortikale Anteile des Corpus amygdaloideum.

Im **Bulbus olfactorius** werden die Filae olfactoriae auf das zweite Neuron umgeschaltet und über den **Tractus olfactorius** der Riechrinde (olfaktorischer Kortex) zugeleitet.

Das **Corpus amygdaloideum** (Mandelkern, Amygdala) ist ein Komplex grauer Substanz und liegt im Temporallappen rostral des Ncl. caudatus. Es ist ein Teil des limbischen Systems. Seine Funktion liegt in der
- **Modulation** vegetativer hypothalamischer Zentren,
- **Vermittlung** emotionaler Verhaltensweisen und
- **Speicherung** emotional betonter Gedächtnisinhalte.

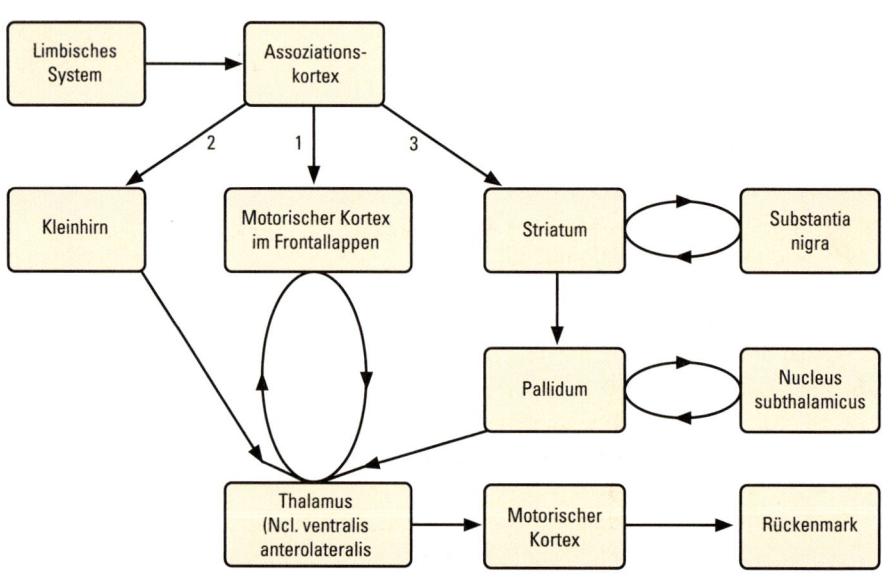

Die kortiko-thalamo-kortikale Neuronenschleife aus Weg 1 wird durch die beiden anderen Wege beeinflusst.

Abb. 16: Regulation der Motorik durch verschiedene Zentren

medi-learn.de/6-ana3-16

4.4 Archikortex und Gedächtnis

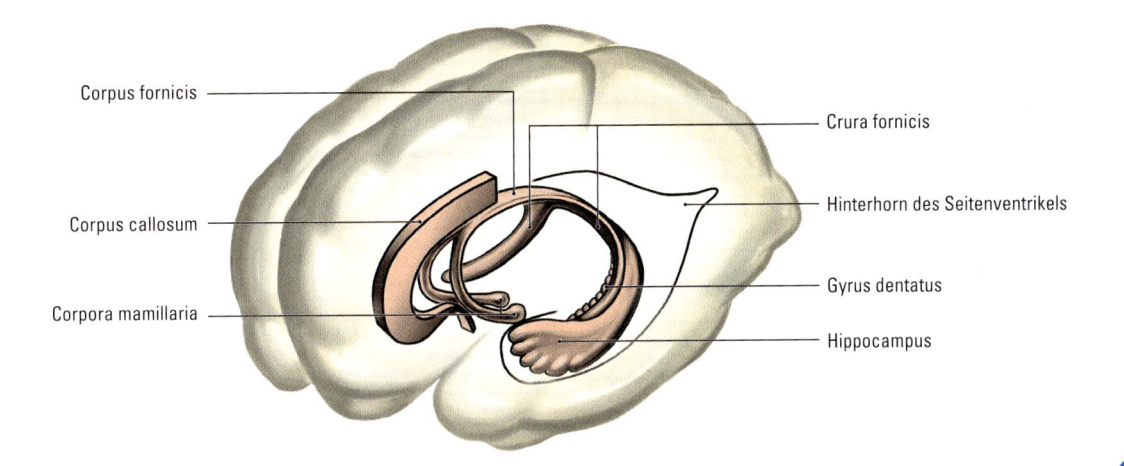

Abb. 17: Lage des Hippocampus und des Fornix

medi-learn.de/6-ana3-17

> **Merke!**
>
> Das Corpus amygdaloideum ist über die Stria terminalis mit dem Hypothalamus verbunden.

> **Merke!**
>
> - Paleo- und Archikortex werden auch als Allokortex bezeichnet.
> - Im Hippocampus werden Nervenzellen neu gebildet (adulte Neurogenese).

4.4 Archikortex und Gedächtnis

Der **Archikortex** wird zum Großteil vom **Hippocampus** gebildet. Die mikroskopische Rindenschichtung des Archikortex ist **dreischichtig**.
Die Lage des Hippocampus zeigt Abb. 17, S. 35. Seine **Afferenzen** stammen von der Regio entorhinalis (Impulse aus dem Riechhirn, Corpus amygdaloideum und Neokortex), die medial des Hippocampus im **Gyrus parahippocampalis** liegt. Weitere Afferenzen stammen aus dem **Thalamus** und **Gyrus cinguli**.
Die **Efferenzen** laufen fast alle im **Fornix** und enden größtenteils in den **Corpora mamillaria**. Dabei bildet sich der nach **Papez** benannte, in Abb. 18, S. 35 dargestellte Neuronenkreis.
Funktion: Der Papez-Neuronenkreis spielt für die **Überführung vom Kurz- ins Langzeitgedächtnis** eine entscheidene Rolle. Der Hippocampus als Bestandteil des limbischen Systems ist wesentlich am Zustandekommen von **Aggression, Affektverhalten, Bewusstsein und Motivation** beteiligt.

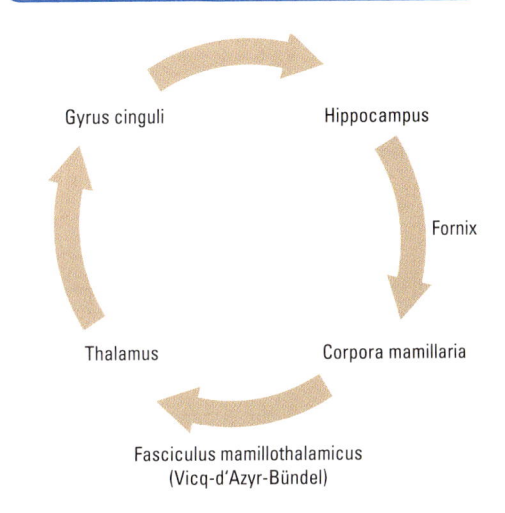

Abb. 18: Papez-Neuronenkreis

medi-learn.de/6-ana3-18

4 Großhirn (Telencephalon)

4.5 Limbisches System

Das limbische System ist der **Ort der Emotionen** im Gehirn. Es ist mit seinen Zentren nur sehr unklar definiert. Seine Funktion ergibt sich aus Tab. 6, S. 36. In der Regel werden folgende Strukturen zum limbischen System gezählt:
Bis auf den **Gyrus cinguli** wurden alle anderen Regionen bereits im vorangegangenen Text besprochen. Der Gyrus cinguli liegt direkt oberhalb des Balkens. Er beeinflusst **vegetative Parameter** nebst Nahrungsaufnahme sowie den **psycho-** und **lokomotorischen Antrieb**.

4.6 Neokortex

Der Neokortex wird dem Allokortex auch als **Isokortex** gegenübergestellt. Histologisch stellt er sich sechsschichtig dar. Er ist der jüngste und am höchsten organisierte Teil der Großhirnrinde.
Funktionell unterscheidet man **Primär-, Sekundär-** und **Assoziationsfelder**.

- **Primärfelder** sind sensorische Zentren, die ihre Afferenzen **interpretationsfrei** vom Thalamus empfangen und zum Bewusstsein bringen (z. B. Sehrinde, Hörrinde). Ein motorisches Primärfeld ist der **Gyrus praecentralis** (Motokortex).
- **Sekundärfelder** liegen neben ihren Primärfeldern und **verarbeiten integratorisch** die Sinneswahrnehmung aus dem primären Rindenfeld. Es erfolgt eine **Interpretation** des Wahrgenommenen.
- **Assoziationsfelder** sind keinem primären und sekundären Rindenfeld zugeordnet. Sie erhalten auch **KEINE Information aus dem Thalamus**. Afferent und efferent sind sie mit verschiedenen Primär- und Sekundärfeldern verbunden.

> **Merke!**
> - Für alle Arten von Sinneswahrnehmungen gibt es im Großhirn primäre Kortexareale.
> - Das motorische Sprachzentrum ist z. B. ein Assoziationsfeld.
> - Assoziationsfelder erhalten **KEINE** Information aus dem Thalamus.

Struktur	Funktion
Hippocampus mit Fornix	– Gedächtnis – Verhalten – Orientierung – Bewusstsein und – Motivation
Gyrus cinguli	– Vegetative Modulation – psycho- und lokomotorischer Antrieb
Gyrus parahippocampalis mit Regio entorhinalis	– Gedächtnis – Zuleitung von Sinnesinformationen zu anderen Teilen des limbischen Systems
Corpus amygdaloideum	– Affektverhalten – Affektmotorik – Beeinflussung vegetativer und sexueller Funktionen
Corpus mamillare	– Gedächtnis – Affektverhalten – Beeinflussung von Sexualfunktionen

Tab. 6: Strukturen des limbischen Systems und ihre Funktionen

4.6.1 Histologie des Neokortex

Im Neokortex gibt es zwei Arten von Neuronen: **Pyramidenzellen** und **Nicht-Pyramidenzellen**.
- **Pyramidenzellen** machen 85 % der Neurone der Großhirnrinde aus und wirken über ihre Transmitter Glutamat und Aspartat **exzitatorisch**. Sie bilden die Gesamtheit des kortikalen Efferenzsystems.
- **Nicht-Pyramidenzellen** wirken mit ihrem Transmitter GABA **inhibitorisch**.

Im Neokortex lassen sich histologisch sechs Schichten abgrenzen. Näheres erfährst du im Skript Histologie 2.

4.7 Frontallappen

Im Frontallappen liegt die **motorische** Rinde.

4.7.1 Gyrus praecentralis und Pyramidenbahn

Der Gyrus praecentralis (primär somatomotorische Rinde, Motokortex) nimmt die **Area 4** nach Brodmann ein. Von hier gelangen die Impulse zu den Hirnnervenkernen und ins Rückenmarkvorderhorn. Der Motokortex ist **somatotopisch** gegliedert. Dabei befinden sich die Areale für die untere Extremität im Interhemisphärenspalt.
Die **Afferenzen** stammen aus dem **Ncl. ventralis anterolateralis** des Thalamus, aus dem **Gyrus postcentralis** sowie aus der **prämotorischen Rinde**, die vor dem Gyrus praecentralis lokalisiert ist.
Die **Efferenzen** bilden große Teile des **Tractus corticonuclearis** sowie des **Tractus corticospinalis** (Pyramidenbahn). Beide Bahnen durchlaufen auf ihrem Weg nach kaudal die **Capsula interna**. Bei Schädigung der Pyramidenbahn kommt es zu einer schlaffen Parese im betroffenen **kontralateralen Körpareal**, die nach kurzer Zeit in eine spastische Parese übergeht.

> **Merke!**
> Der Gyrus praecentralis sorgt für die willkürmotorische Versorgung der kontralateralen Körperhälfte. Dabei handelt es sich vorrangig um die Feinmotorik.

4.7.2 Prämotorische Rinde und frontales Augenfeld

Die **prämotorische Rinde** entspricht der **Area 6** nach Brodmann. Sie ist afferent und efferent ähnlich verschaltet wie der Motokortex. Allerdings machen die **efferenten** Fasern einen großen Teil des **Tractus frontopontinus** aus.
Über die Versorgung der extrapyramidalen Zentren übt die prämotorische Rinde **direkten** Einfluss auf die Motorik aus.
Das **frontale Augenfeld** (frontales Blickzentrum) liegt vor der prämotorischen Rinde und initiiert **willkürliche Augeneinstellbewegungen** auf ein gewähltes Blickziel.

> **Merke!**
> Die unwillkürlichen, reflektorischen Augenbewegungen werden im Hirnstamm generiert.

4.7.3 Motorisches Sprachzentrum (Broca-Sprachzentrum)

Das motorische Sprachzentrum liegt im Bereich der Pars opercularis des Gyrus frontalis inferior. Hier werden **Wortlaut** und **Satzbau** geformt. Danach werden über Zwischenstationen die entsprechenden Muskelgruppen aktiviert.

4 Großhirn (Telencephalon)

> **Merke!**
>
> - Motorisches Sprachzentrum = Broca-Sprachzentrum
> - Sensorisches Sprachzentrum = Wernicke-Sprachzentrum
> - Das Broca-Zentrum existiert nur einseitig, in der dominanten Hemisphäre. Damit kann es nicht durch die Gegenseite kompensiert werden.
> - Die Afferenzen stammen von der primären und sekundären Hörrinde.
> - Die Efferenzen gelangen indirekt (über Basalganglien, Kleinhirn, Thalamus) zum Motokortex und von dort zu den Hirnstammkernen der für das Sprechen wichtigen Muskeln.

4.7.4 Präfrontale Rinde

Die präfrontale Rinde liegt vor dem prämotorischen Kortex und reicht bis zum Frontalpol. **Funktionell** spielt sie eine große Rolle für das **Kurzzeitgedächtnis**.

4.8 Parietallappen

Im Parietallappen liegen u. a. primäre und sekundäre **somatosensible** Rinde.

4.8.1 Gyrus postcentralis und primäre somatosensible Rinde

Der Gyrus postcentralis liegt direkt hinter dem Sulcus centralis und nimmt die **Area 1 – 3** nach Brodmann ein. Hier enden **sensibel-sensorische** Fasern aus der **kontralateralen Körperhälfte** in **somatotopischer** Gliederung.
Afferenzen stammen aus dem Thalamus (Ncl. ventralis posterior), von den Vestibulariskernen und verschiedenen Kortexarealen.
Die **Efferenzen** ziehen zum Thalamus, den sensiblen Trigeminuskernen, den Hinterstrangkernen sowie dem Rückenmark und können so sensible Reize **blockieren** oder **bahnen**.

Verlauf der protopathischen Sensibilität:

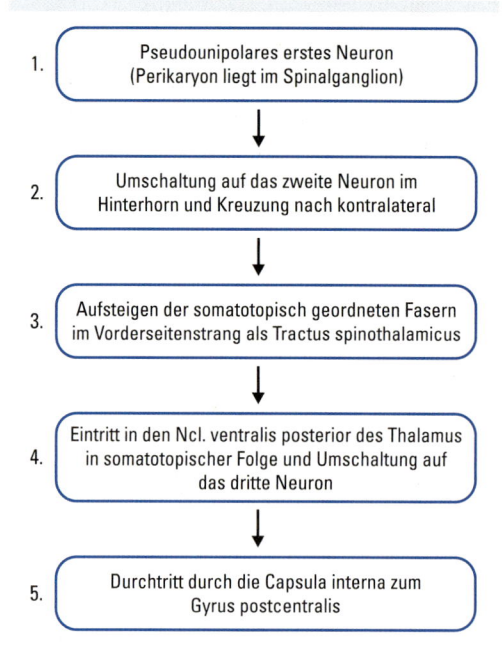

1. Pseudounipolares erstes Neuron (Perikaryon liegt im Spinalganglion)
2. Umschaltung auf das zweite Neuron im Hinterhorn und Kreuzung nach kontralateral
3. Aufsteigen der somatotopisch geordneten Fasern im Vorderseitenstrang als Tractus spinothalamicus
4. Eintritt in den Ncl. ventralis posterior des Thalamus in somatotopischer Folge und Umschaltung auf das dritte Neuron
5. Durchtritt durch die Capsula interna zum Gyrus postcentralis

Verlauf der epikritischen Sensibilität:

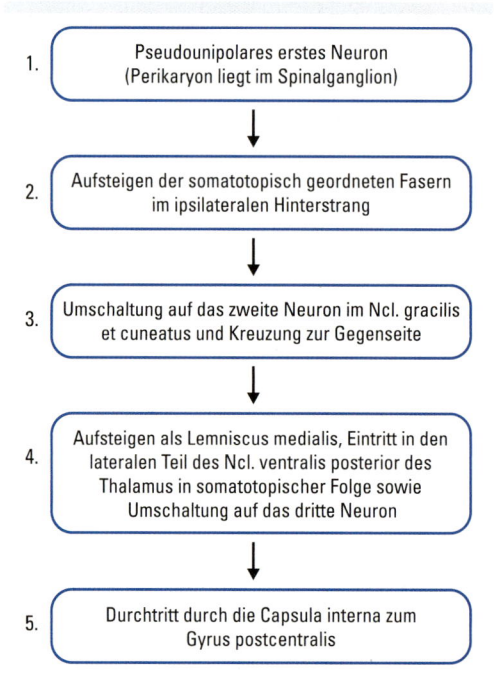

1. Pseudounipolares erstes Neuron (Perikaryon liegt im Spinalganglion)
2. Aufsteigen der somatotopisch geordneten Fasern im ipsilateralen Hinterstrang
3. Umschaltung auf das zweite Neuron im Ncl. gracilis et cuneatus und Kreuzung zur Gegenseite
4. Aufsteigen als Lemniscus medialis, Eintritt in den lateralen Teil des Ncl. ventralis posterior des Thalamus in somatotopischer Folge sowie Umschaltung auf das dritte Neuron
5. Durchtritt durch die Capsula interna zum Gyrus postcentralis

4.8.2 Sekundäre somatosensible Rinde

Dieses Kortexgebiet liegt dorsal des Gyrus postcentralis. Es nimmt die **Areae 5 und 7** nach Brodmann ein und ist **somatotopisch** geordnet. Hier werden die Reize der primären somatosensiblen Rinde **interpretiert**.

4.8.3 Gyrus angularis

Der Gyrus angularis liegt am Ende des Sulcus temporalis superior und nimmt die **Area 39** nach Brodmann ein. Er ist eine **wichtige Schaltstelle** zwischen **sekundärer Seh- und Hörrinde**, indem er visuelle Impulse mit dazu passenden sprachlichen Begriffen verknüpft.

4.8.4 Hinterer Parietallappen

Der hintere Parietallappen spielt bei der Orientierung im dreidimensionalen Raum eine entscheidende Rolle.

4.9 Okzipitallappen und visuelles System

Im Okzipitallappen befindet sich in erster Linie das visuelle System.

4.9.1 Sehbahn

Die Stationen der Sehbahn sind:

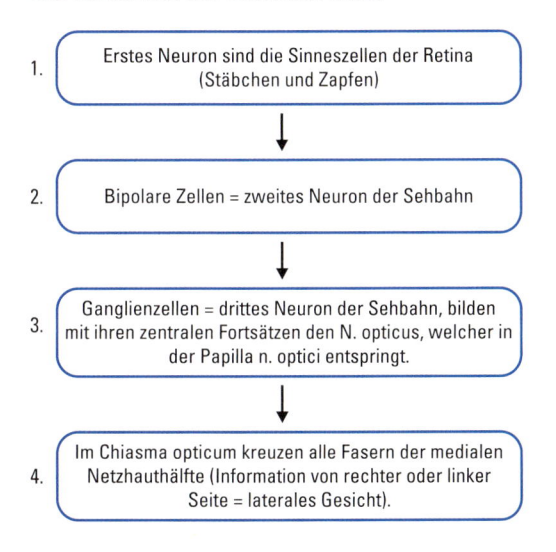

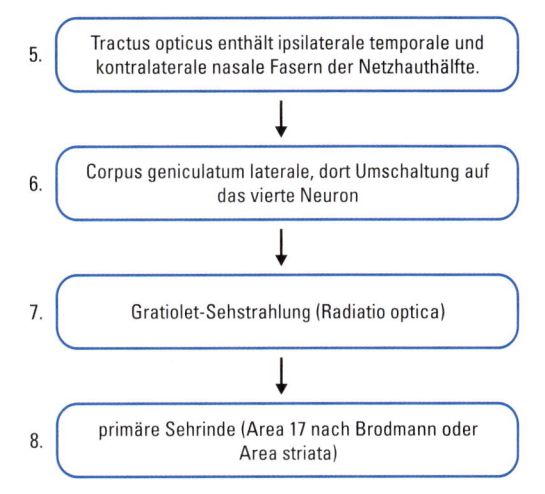

1. Erstes Neuron sind die Sinneszellen der Retina (Stäbchen und Zapfen)
2. Bipolare Zellen = zweites Neuron der Sehbahn
3. Ganglienzellen = drittes Neuron der Sehbahn, bilden mit ihren zentralen Fortsätzen den N. opticus, welcher in der Papilla n. optici entspringt.
4. Im Chiasma opticum kreuzen alle Fasern der medialen Netzhauthälfte (Information von rechter oder linker Seite = laterales Gesicht).
5. Tractus opticus enthält ipsilaterale temporale und kontralaterale nasale Fasern der Netzhauthälfte.
6. Corpus geniculatum laterale, dort Umschaltung auf das vierte Neuron
7. Gratiolet-Sehstrahlung (Radiatio optica)
8. primäre Sehrinde (Area 17 nach Brodmann oder Area striata)

Merke!

Im Verlauf der Sehbahn treten die ersten Myelinscheiden an den Axonen des N. opticus auf.

Abb. 19, S. 40 gibt den Verlauf der Sehbahn wieder und zeigt die Ausfallserscheinungen bei entsprechender Läsion.

4.9.2 Primäre Sehrinde

Die primäre Sehrinde liegt im Okzipitalpol, **Area 17** nach Brodmann. Sie befindet sich im Bereich des **Sulcus calcarinus** und wird auch **Area striata** genannt. Die Area striata wird in sehc Schichten eingeteilt. In Lamina IV (Lamina granularis interna) enden die Fasern der Radioatio optica überwiegend.
Ihre **Afferenzen** stammen in erster Linie vom **Corpus geniculatum laterale**, ihre **Efferenzen** laufen zur sekundären Sehrinde. In der primären Sehrinde gelangen die visuellen Reize zu **Bewusstsein**.

4.9.3 Sekundäre Sehrinde

Die sekundäre Sehrinde liegt hufeisenförmig um die primäre Sehrinde herum. Sie nimmt die **Areae 18** und **19** nach Brodmann ein.
Afferenzen erhält sie von der primären Sehrinde, **efferent** ist sie mit zahlreichen kortikalen

4 Großhirn (Telencephalon)

Arealen (z. B. frontales Augenfeld, Gyrus angularis, Colliculi superiores, Area praetectalis) verbunden.

> **Merke!**
>
> Im Okzipitallappen liegen primäre und sekundäre Sehrinde.

Übrigens ...
Bei Läsion der sekundären Sehrinde kommt es NICHT zu Gesichtsfeldausfällen. Der Patient kann das Gesehene jedoch nicht mehr adäquat erkennend und zuordnend verarbeiten.

4.10 Temporallappen und auditorisches System

Im Temporallappen liegen die primäre und die sekundäre **Hörrinde**. Abb. 20, S. 41 gibt den Verlauf der Hörbahn wieder.

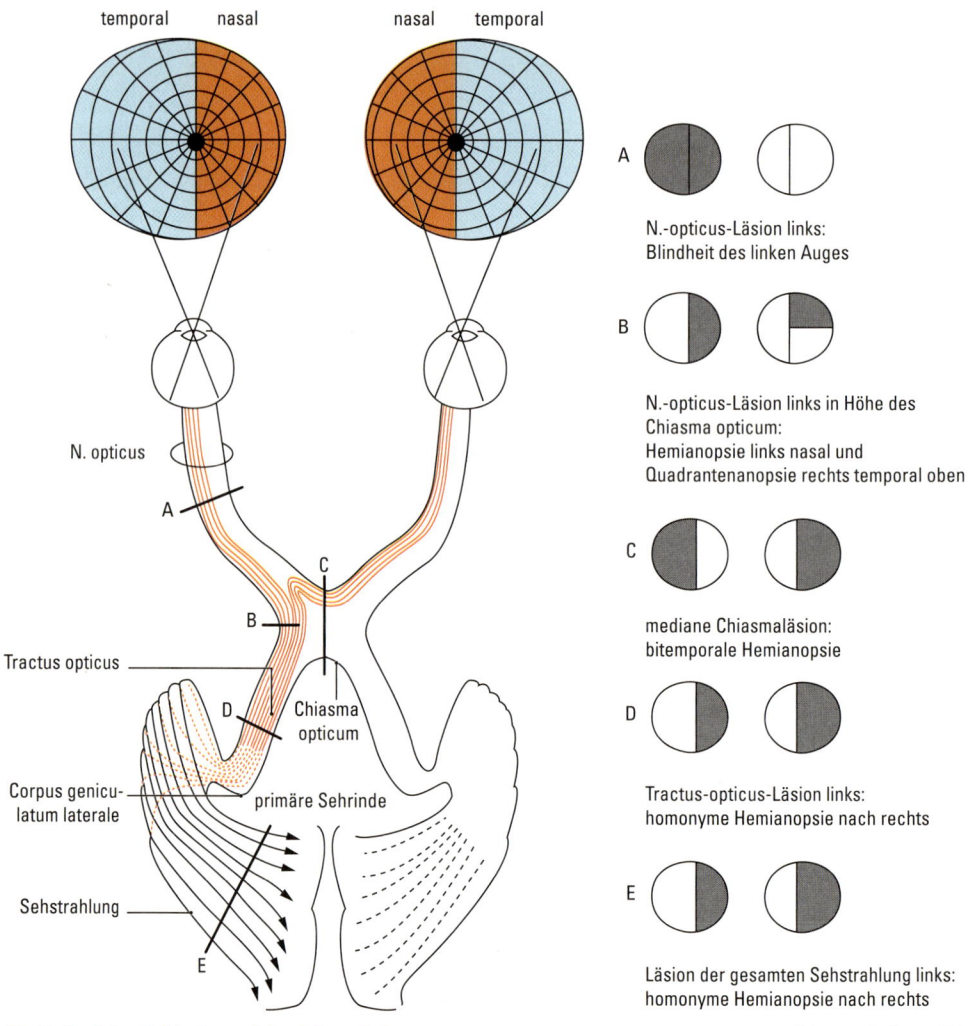

A N.-opticus-Läsion links: Blindheit des linken Auges

B N.-opticus-Läsion links in Höhe des Chiasma opticum: Hemianopsie links nasal und Quadrantenanopsie rechts temporal oben

C mediane Chiasmaläsion: bitemporale Hemianopsie

D Tractus-opticus-Läsion links: homonyme Hemianopsie nach rechts

E Läsion der gesamten Sehstrahlung links: homonyme Hemianopsie nach rechts

Abb. 19: Verlauf der Sehbahn und Ausfallserscheinungen

medi-learn.de/6-ana3-19

4.10.1 Primäre Hörrinde

Die primäre Hörrinde liegt in der Tiefe des Temporallappens in den **Gyri temporales transversi** (Heschl-Querwindungen), **Area 41** nach Brodmann. Die wichtigste **Afferenz** ist die Hörbahn. Deren Fasern enden hier in **tonotopischer Anordnung,** d. h. jede Tonfrequenz hat einen eigenen Endigungsort in der primären Hörrinde. Hier gelangen ausschließlich **einzelne Frequenzen zu Bewusstsein**. Die **Efferenzen** ziehen zur sekundären Hörrinde.

4.10.2 Sekundäre Hörrinde und Wernicke-Sprachzentrum

Die sekundäre Hörrinde schließt sich nach lateral der primären Hörrinde an und nimmt die **Areae 42** nach Brodmann ein. Unmittelbar dahinter befindet sich die **Area 22**. Sie wird auch als **Wernicke-Sprachzentrum** (sensorisches Sprachzentrum) bezeichnet.

Die **Afferenzen** stammen von der primären Hörrinde sowie dem Gyrus angularis, **efferent** ist sie vor allem mit dem Broca-Sprachzentrum (motorisches Sprachzentrum) verbunden. Die **Funktion** der sekundären Hörrinde sowie des Wernicke-Sprachzentrums liegt in der **integrativen Verarbeitung** der in der primären Hörrinde wahrgenommenen Laute. Es werden somit Wörter, Melodien und Geräusche erkannt. Über die afferente Verbindung mit dem Gyrus angularis besteht eine wichtige Verbindung zwischen visuellem und auditorischem System. Erst durch diese Verbindung ist es möglich, gesehene Gegenstände zu benennen.

4.11 Inselrinde

Die Inselrinde liegt in der Tiefe, bedeckt von Temporal-, Frontal- und Parietallappen (Oper-

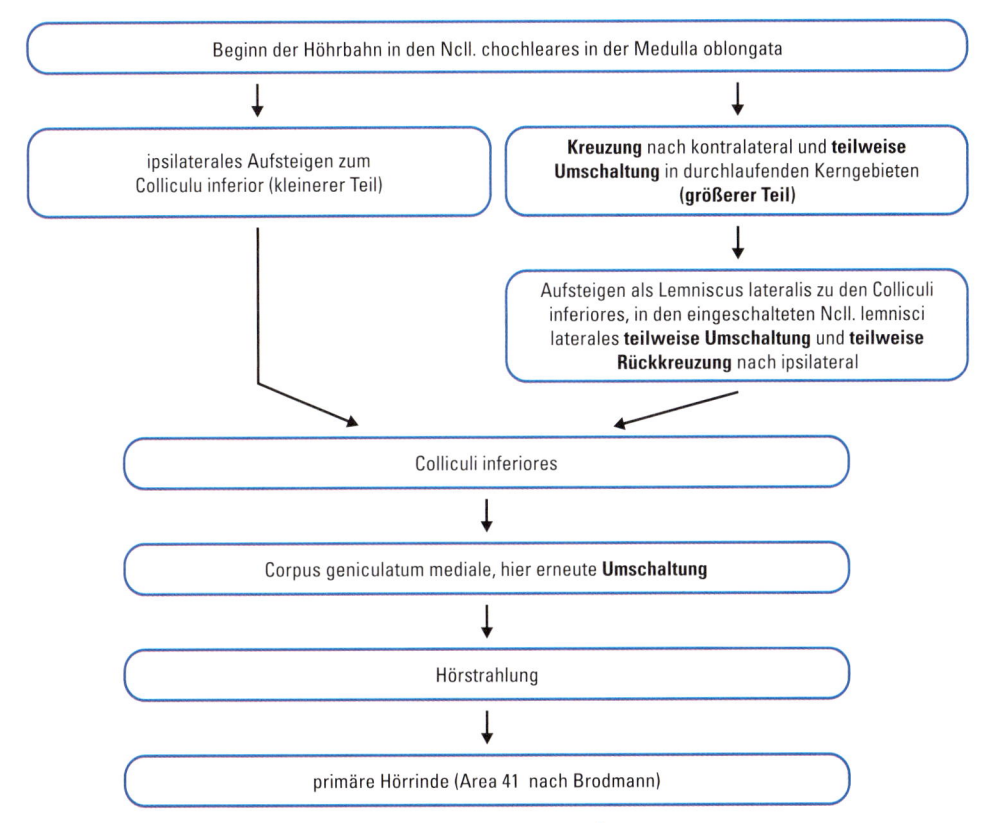

Abb. 20: Verlauf der Hörbahn

- Beginn der Hörbahn in den Ncll. chochleares in der Medulla oblongata
  - ipsilaterales Aufsteigen zum Colliculu inferior (kleinerer Teil)
  - **Kreuzung** nach kontralateral und **teilweise Umschaltung** in durchlaufenden Kerngebieten (**größerer Teil**)
    - Aufsteigen als Lemniscus lateralis zu den Colliculi inferiores, in den eingeschalteten Ncll. lemnisci laterales **teilweise Umschaltung** und **teilweise Rückkreuzung** nach ipsilateral
- Colliculi inferiores
- Corpus geniculatum mediale, hier erneute **Umschaltung**
- Hörstrahlung
- primäre Hörrinde (Area 41 nach Brodmann)

medi-learn.de/6-ana3-20

4 Großhirn (Telencephalon)

cula). Sie ist im Laufe der Entwicklung von den anderen Hirnlappen **überwachsen** worden und stellt einen wichtigen Teil der **viszerosensiblen Rinde** dar.

4.12 Bahnsysteme des Großhirns

Grundsätzlich unterscheidet man zwischen
- **Kommissurenfasern**: verbinden Areale beider Hemisphären miteinander, laufen zum größten Teil im Balken,
- **Projektionsfasern**: verbinden Kortex und subkortikale Gehirnteile (z. B. Basalganglien, Thalamus, Hirnstamm etc.), laufen größtenteils in der Capsula interna, aber auch in der Capsula externa und extrema,
- **Assoziationsfasern**: verbinden einzelne Areale (Gyri) einer Hemisphäre miteinander.

4.12.1 Balken (Corpus callosum)

Der Balken bildet das Dach des Seitenventrikels. In ihm verläuft der größte Teil der Kommissurenfasern. Dadurch werden die beiden Hemisphären miteinander verbunden. Praktisch lässt sich dies recht einfach am nachfolgenden Beispiel verdeutlichen:

Der rechte Okzipitallappen verarbeitet die Impulse des linken Gesichtsfelds und umgekehrt. Das Corpus callosum ermöglicht eine Integration **beider Gesichtsfelder zu EINEM Gesichtsfeld**.

4.12.2 Capsula interna

Die Capsula interna führt den größten Teil der Projektionsfasern. Sie verläuft zwischen Ncl. caudatus und Thalamus einerseits und Putamen sowie Pallidum andererseits. Man unterscheidet einen vorderen und einen hinteren Schenkel sowie ein Knie. Die auf- und absteigenden Fasern sind nach Systemen geordnet.

> **Merke!**
>
> - Die kortikospinalen Fasern laufen in somatotopischer Reihenfolge im Crus posterius der Capsula interna.
> - Die meisten Bahnen vom Kortex zu Thalamus, Basalganglien und Hirnstamm verlaufen durch die Capsula interna.

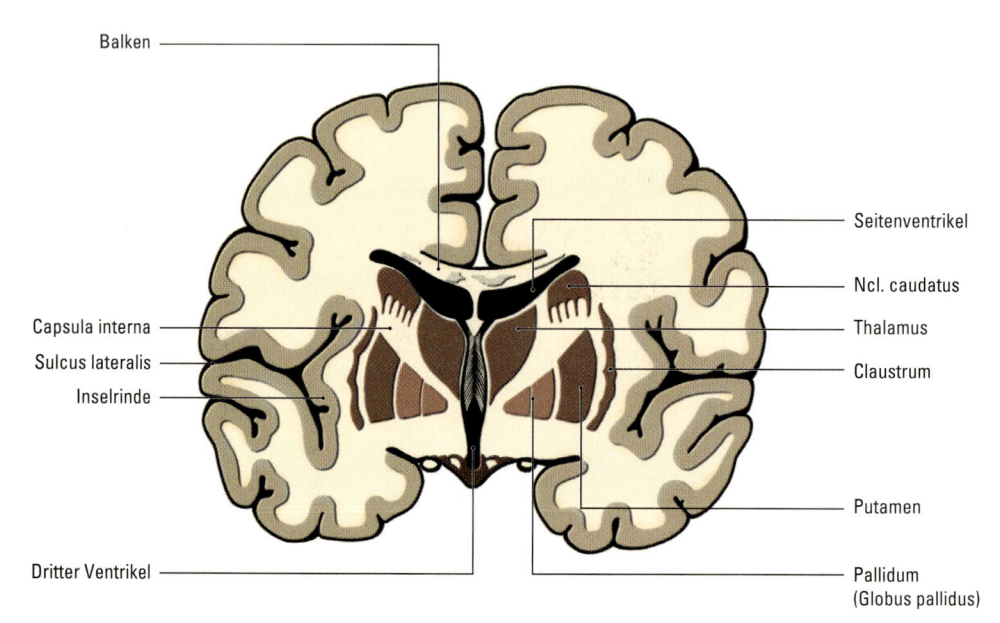

Abb. 21: Frontalschnitt durch das Großhirn

medi-learn.de/6-ana3-21

4.13 Schnittserien durch das Gehirn

Abb. 21, S. 42 gibt exemplarisch einen **Frontalschnitt** durch das Gehirn wieder. Du solltest sowohl im schriftlichen als auch im mündlichen Physikum in der Lage sein, einen **Horizontalschnitt** von einem **Frontalschnitt** zu unterscheiden und daran auch die Kernstrukturen zeigen zu können. Dabei gilt es zu beachten, dass die **Schnitthöhe** eine wichtige Rolle spielt – es sind nämlich nicht alle Strukturen in allen Schnittebenen vertreten.

Am besten kannst du das alles am Präparat lernen.

Zur besseren Orientierung kannst du dir unter **www.medi-learn.de/skr-telen** eine Art Bastelbogen herunterladen, der dir die Orientierung und das Benennen der Strukturen erleichtern soll.

DAS BRINGT PUNKTE

Um diese Rubrik bei der Fülle des vorangegangenen Kapitels nicht übermäßig auszudehnen, sind hier die Prüfungslieblinge kurz aufgezählt:

Zu den **Basalganglien** solltest du dir unbedingt die folgenden Fakten merken:
- Das **Striatum** (Ncl. caudatus und Putamen) erhält Afferenzen vom Kortex, der Substantia nigra und dem Thalamus. Die Efferenzen laufen zum Pallidum und zur Substantia nigra.
- Zwischen dem Caput nuclei caudati und dem Nukleus lentiformis liegt das Crus anterius der Capsula interna.
- Das **Putamen** enthält dopaminerge Afferenzen aus der Substantia nigra.
- Das Globus pallidus hat zahlreiche GABAerge **Efferenzen** zum Thalamus.
- Der **Nukleus lentiformis** besteht aus Putamen und Pallidum. Er grenzt an die Capsula interna und die Capsula externa.

Du solltest wissen, dass das **limbische System** auch als „emotionales Bewertungszentrum" bezeichnet wird.
Dazu gehören
- der Hippocampus mit Fornix (in den Hippocampus projizieren Fasern überwiegend aus der Septumregion über den Fornix),
- der Gyrus cinguli,
- der Gyrus parahippocampalis mit der Regio entorhinalis,
- das Corpus amygdaloideum und
- das Corpus mamillare.

Zu den **Rindenfelder** wird folgendes gerne gefragt:
- Der Gyrus praecentralis ist das primäre motorische Rindenfeld.
- Das motorische Sprachzentrum liegt im Bereich der Pars opercularis des Gyrus frontalis inferior.
- Der Gyrus postcentralis ist das primäre somatosensible Rindenfeld.

Punkte gibt es, wenn du folgendes zur **Sehbahn** weißt:
- Die Sehbahn verläuft über den Tractus opticus – Corpus geniculatum laterale – Gratiolet-Sehstrahlung – Area 17 (primäre Sehrinde).
- Die primäre Sehrinde liegt im Okzipitallappen an der medialen Hemisphärenseite.
- Die sekundäre Sehrinde umschließt die primäre Sehrinde hufeisenförmig.

Über die **Hörbahn** solltest du folgende Fakten parat haben:
- Die Hörbahn verläuft über die Cochlea – Ncl. olivaris sup. – Lemniscus lateralis – Colliculi inferiores – dort Kreuzung und danach Verlauf beidseits – Corpus geniculatum mediale – Hörstrahlung – primäre Hörrinde.
- Die primäre Hörrinde (Heschl-Querwindungen) erhält ihre Afferenzen (Hörstrahlung) überwiegend aus dem Corpus geniculatum mediale.

Sonstige Punktebringer solltest du dir gut merken:
- Die meisten Projektionsneurone der Großhirnrinde sind Pyramidenzellen.
- Die Capsula interna liegt medial des Nukleus lentiformis, lateral des Thalamus, enthält sowohl ab- als auch aufsteigende Fasern und zwischen den Fasern auch graue Substanz.
- Die Fasern der spezifischen Thalamuskerne projizieren überwiegend in die Lamina granularis interna (IV) des Gyrus postcentralis.

FÜRS MÜNDLICHE

Das Kapitel zum Großhirn nimmt „großen" Platz in der Prüfung ein. Zur Überprüfung deines Wissen kannst du dich nun mit den folgenden Fragen aus den mündlichen Prüfungsprotokollen beschäftigen.

1. Sagen Sie, was sind Assoziationsfasern?

2. Und wissen Sie auch was Projektionsfasern sind?

3. Was verstehen sie unter Kommissurenfasern?

4. Welche Teile werden als Striatum bezeichnet? Erläutern Sie, welche Beziehung das Striatum zur Substantia nigra hat!

5. Welcher Teil der Basalganglien wird entwicklungsgeschichtlich zum Diencephalon gerechnet? Nennen Sie seine Aufgaben.

6. Was können Sie zum Verlauf der auf- und absteigenden Bahnen in der Capsula interna sagen und welche Areale verbinden sie?

7. Was ist Ihrer Meinung nach das limbische System?

8. Was denken Sie, was verbindet der Fornix?

9. Was ist der Papez-Neuronenkreis und was gehört Ihrer Meinung nach dazu?

10. Sagen Sie uns bitte, wo die primäre und sekundäre Sehrinde liegen?

11. Nennen Sie den Verlauf der Sehbahn!

12. Erläutern Sie die Aufgabe der primären und sekundären Sehrinde und welche Auswirkung hat deren Zerstörung?

13. Sagen Sie, wo liegt die primäre Hörrinde?

14. Nennen Sie die Aufgabe des primären und sekundären Hörzentrums (Hörrinde)!

15. Beschreiben Sie den Unterschied zwischen Wernicke- und Broca-Areal!

---

1. Sagen Sie, was sind Assoziationsfasern?
Assoziationsfasern verknüpfen einzelne Areale einer Hemisphäre miteinander.

2. Und wissen Sie auch was Projektionsfasern sind?
Projektionsfasern verbinden den Kortex mit subkortikalen Bereichen.

3. Was verstehen sie unter Kommissurenfasern?
Kommissurenfasern verbinden Areale beider Hemisphären miteinander.

4. Welche Teile werden als Striatum bezeichnet? Erläutern Sie, welche Beziehung das Striatum zur Substantia nigra hat!
Striatum = Ncl. caudatus und Putamen. Das Striatum hat einen vorwiegend hemmenden Einfluss auf motorische Impulse. Die Substantia nigra hemmt über Dopamin das Striatum. Daher hemmt die Substantia nigra die Hemmung des Striatums (fördert motorische Impulse).

5. Welcher Teil der Basalganglien wird entwicklungsgeschichtlich zum Diencephalon gerechnet? Nennen Sie seine Aufgaben.
Das Pallidum (funkt. Antagonist zum Striatum), wirkt bahnend für motorische Impulse und wird entwicklungsgeschichtlich zum Diencephalon gerechnet.

FÜRS MÜNDLICHE

6. Was können Sie zum Verlauf der auf- und absteigenden Bahnen in der Capsula interna sagen und welche Areale verbinden sie?
Die Bahnen verbinden den Kortex mit den subkortikalen Zentren.
Absteigende Bahnen:
- kortikonucleäre Bahn im Genu,
- kortikospinale Bahn – Crus posterius – somatotope Gliederung.

Aufsteigende Bahnen:
- thalamokortikale Fasern.

7. Was ist Ihrer Meinung nach das limbische System?
Das limbische System ist ein funktionelles System, das der Integration viszeraler und emotionaler Prozesse dient. Es wird auch als „emotionales Bewertungszentrum" bezeichnet.

8. Was denken Sie, was verbindet der Fornix?
Der Fornix verbindet Hippocampus und Corpora mamillaria.

9. Was ist der Papez-Neuronenkreis und was gehört Ihrer Meinung nach dazu?
Der Papez-Neuronenkreis ist ein theoretisches Konstrukt, mit dem der Informationsfluss zwischen den Teilen des limbischen Systems erklärt werden soll. Er verläuft über Hippocampus – Fornix – Corpora mamillaria – Thalamus (über Vicq-d'Azyr-Bündel) – Gyrus cinguli – Hippocampus.

10. Sagen Sie uns bitte, wo die primäre und sekundäre Sehrinde liegen?
Im Okzipitallappen:
- Die primäre Sehrinde liegt an der medialen Hemisphärenseite,
- die sekundäre Sehrinde umschließt die primäre Sehrinde hufeisenförmig.

11. Nennen Sie den Verlauf der Sehbahn!
Tractus opticus – Corpus geniculatum laterale – Gratiolet-Sehstrahlung – Area 17 (primäre Sehrinde).

12. Erläutern Sie die Aufgabe der primären und sekundären Sehrinde und welche Auswirkung hat deren Zerstörung?
Primäre Sehrinde:
- Bewusstwerden der visuellen Impulse,
- bei Zerstörung Gesichtsfeldausfälle.

Sekundäre Sehrinde:
- Integration und Verarbeitung der wahrgenommenen visuellen Impulse,
- bei Zerstörung resultiert die visuelle Agnosie (Betroffene können das Gesehene nicht mehr verarbeiten).

13. Sagen Sie, wo liegt die primäre Hörrinde?
In den Heschl-Querwindungen (Gyri temporales transversi).

14. Nennen Sie die Aufgabe des primären und sekundären Hörzentrums (Hörrinde)!
Primäre Hörrinde:
- interpretationsfreies Bewusstwerden des Gehörten.

Sekundäre Hörrinde:
- integrative Verarbeitung, „Verstehen".

15. Beschreiben Sie den Unterschied zwischen Wernicke- und Broca-Areal!
Wernicke-Areal:
- sensorisches Sprachzentrum, hier erfolgt das Verständnis der Sprache.

Broca-Areal:
- motorisches Sprachzentrum, dient der Sprachbildung.

Pause

Kurze Grinsepause &
dann auf zum letzten Kapitel!

5 Liquor- und Ventrikelsystem, Hirnhäute und Blutversorgung des Gehirns

Fragen in den letzten 10 Examen: 12

Dieses Kapitel behandelt das Ventrikelsystem des Gehirns sowie dessen arterielle und venöse Blutversorgung.

5.1 Liquor- und Ventrikelsystem

Wie das Rückenmark, ist auch das Gehirn in **Liquor cerebrospinalis im äußeren Liquorraum** eingebettet. Der Liquor schützt es vor mechanischem Stress. Außerdem gibt es einen **inneren Liquorraum**, der sich in vier **Ventrikel** teilt. Die Ventrikel stehen miteinander in Verbindung und bilden den Liquor.

> **Merke!**
> - Alle vier Ventrikel produzieren Liquor und besitzen daher einen Plexus choroideus.
> - Vorder- und Hinterhorn des Seitenventrikels besitzen KEINEN Plexus choroideus.
> - Die Gesamtliquormenge beträgt ca. 150 ml.

Die paarigen Seitenventrikel sind über das **Foramen interventriculare** (Monroi) mit dem dritten Ventrikel verbunden. Dieser wiederum steht über den **Aquaeductus mesencephali** mit dem vierten Ventrikel in Verbindung. Von dort setzt sich der innere Liquorraum als Canalis centralis ins Rückenmark fort.
Der gesamte innere Liquorraum ist von Gliazellen (Ependym) ausgekleidet. Diese sind am ehesten mit Mikrovilli- und Kinozilien-tragenden Epithelzellen vergleichbar. Die Kinozilien dienen dem Liquortransport.
Der Liquor reduziert das Hirngewicht von 1500 g auf ca. 50 g, die dem Knochen aufliegen. Vom Ventrikelsystem gelangt der Liquor durch die **Foramina Luschkae** und das **Foramen Magendi** (liegen im vierten Ventrikel) in den äußeren Liquorraum, den **Subarachnoidalraum**. Von hier wird der Liquor in das Blut rückresorbiert. Im Bereich des Schädels geschieht dies über die **Arachnoidalzotten** (Granulationes arachnoidales, Paccioni-Körper). Dies sind blumenkohlartige Gebilde, die vom Subarachnoidalraum in die großen Sinus reichen. Im Wirbelkanalbereich wird der Liquor an den Austrittsstellen der Spinalnerven aus dem Wirbelkanal resorbiert.

Täglich werden in den **Plexus choroidei** (befinden sich in allen vier Ventrikeln) ca. 500 ml Liquor produziert. Der Liquor ist ein **Ultrafiltrat** des Bluts. Seine Zusammensetzung wird durch das Plexusepithel stark modifiziert. Hier existiert eine **Blut-Liquor-Schranke**, die lediglich für Wasser, Sauerstoff und Kohlendioxid komplett durchlässig ist.

> **Merke!**
> Bei Verschluss des Aquaeductus mesencephali sind die Seitenventrikel und der dritten Ventrikel erweitert.

Übrigens ...
Ist die Verbindung von äußerem und innerem Liquorraum verlegt, kommt es zum Liquoraufstau und Hirndruckzeichen. Man spricht von einem **Hydrocephalus**. Hirndruckzeichen sind Kopfschmerz und Erbrechen ohne andere Ursache.

Die Tela choroidea bildet das Dach des dritten Ventrikels. Sie ist eine gefäßreiche Bindegewebsschicht, von der der Plexus choroideus gebildet wird. Ist der Subarachnoidalraum an einer Stelle besonders weit, so spricht man von einer **Liquorzisterne**.

5 Liquor- und Ventrikelsystem, Hirnhäute und Blutversorgung des Gehirns

Die wesentlichsten Zisternen sind:
- Cisterna cerebellomedullaris = Cisterna magna,
- Cisterna ambiens,
- Cisterna interpeduncularis,
- Cisterna chiasmatica.

5.2 Hirnhäute (Meningen)

Das Gehirn ist – wie das Rückenmark – von drei Hirnhäuten umgeben:
- Dura mater (harte Hirnhaut),
- Arachnoidea mater (Spinngewebshaut),
- Pia mater.

Die **Dura mater** wird auch als **Pachymeninx** bezeichnet. Arachnoidea und Pia mater werden als **weiche Hirnhaut** oder **Leptomeninx** zusammengefasst. Anders als im Wirbelkanal liegt die Dura mater dem Periost der Schädelkalotte fest an und ist nicht als einzelnes Blatt abtrennbar. Sie besteht aus zwei durch Kollagenfasern verbundenen Blättern. Als **Duraduplikatur** bildet sie die **Falx cerebri** und das **Tentorium cerebelli**. An einigen Stellen trennen sich die beiden Durablätter voneinander, um sich anschließend wieder zu vereinigen. So entstehen die venösen **Sinus** (Sinus sagittalis superior et inferior etc.).

Über eine Zellschicht ist die Dura mater mit der **Arachnoidea mater** verbunden. Die Arachnoidea wiederum ist über dünne Bindegewebsbrücken mit der Pia mater verbunden. Der Subarachnoidalraum ist der äußere Liquorraum. Die **Pia mater** liegt direkt den Gyri auf und zieht mit in die Sulci hinein.

> **Merke!**
>
> Im Gehirn existiert KEIN Epiduralraum. Allerdings gibt es ein epidurales Hämatom. Dies wird durch eine Blutung, meist aus der A. meningea media, verursacht. Dabei wird durch den hohen Druck des austretenden Bluts die Dura mater vom Periost der Schädelkalotte abgelöst.

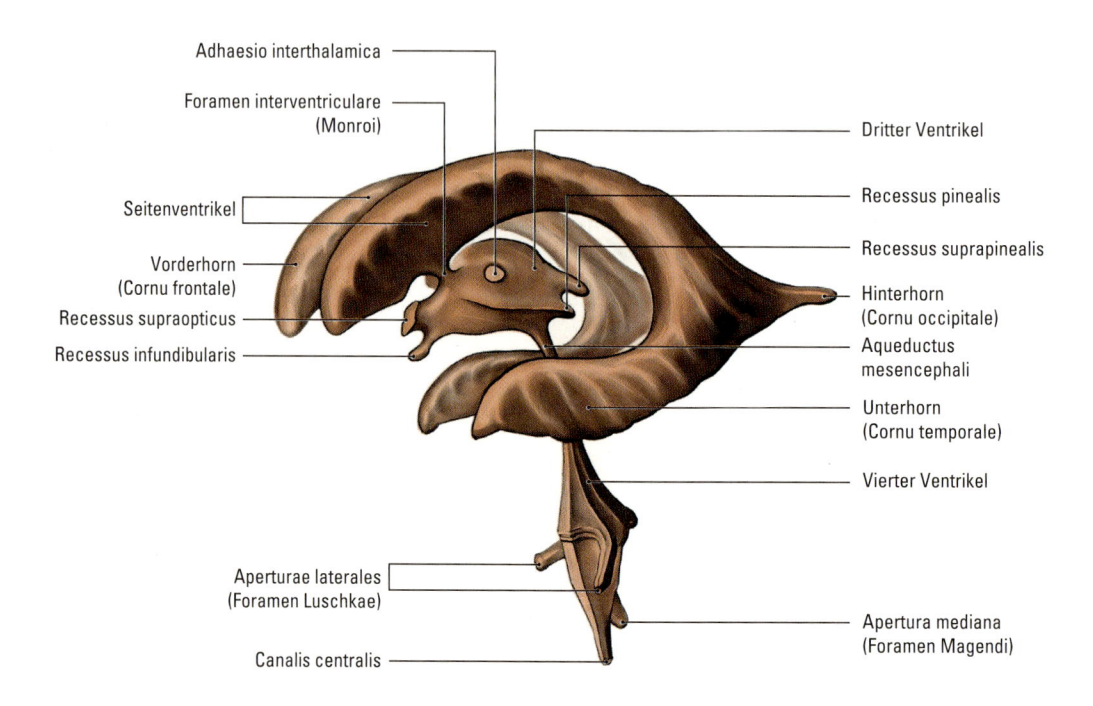

Abb. 22: Ventrikelsystem (innere Liquorräume) medi-learn.de/6-ana3-22

5.3 Arterielle Gefäßversorgung des Gehirns

> **Merke!**
>
> Im Gehirn existiert auch KEIN Subduralraum. Dieser kann jedoch artifiziell durch meist venöse Einblutung zwischen Dura mater und Arachnoidea mater entstehen, was zu einem Subduralhämatom führt.

Die Blutversorgung der Meningen erfolgt über drei Arterien: die A. meningea anterior, media, und posterior. Die A. meningea media entspringt aus der A. maxillaris und zieht durch das Foramen spinosum in den Schädel. Die Innervation der Meningen erfolgt in erster Linie über den N. trigeminus.

> **Merke!**
>
> Nur die Meningen sind sensibel innerviert. Das Gehirn selbst besitzt keine Schmerzrezeptoren. Kopfschmerzen gehen deshalb immer von den Meningen aus.

5.3 Arterielle Gefäßversorgung des Gehirns

Das Gehirn wird jeweils durch die rechte und linke A. carotis interna sowie die A. vertebralis mit Blut versorgt. Zwischen diesen Gefäßen bildet sich an der Schädelbasis ein Anastomosenkreis, der **Circulus arteriosus cerebri** (Willisii). Über diesen Kreislauf wird bei Versorgungsknappheit im Stromgebiet einer zuführenden Arterie die Blutzufuhr in den entsprechenden Hirnteilen sichergestellt.

Die Blutgefäße liegen in den Sulci und treten von dort in das Innere des Gehirns ein. Venen und Arterien haben hier einen völlig unterschiedlichen Verlauf.

Man kann den großen Arterien Versorgungsgebiete zuordnen:

– Die **A. carotis interna** zieht durch den Canalis caroticus in die Schädelhöhle und erscheint neben der Hypophyse im Sinus cavernosus. Dort liegt auch der Karotissiphon. Im Anschluss daran teilt sie sich in **A. cerebri anterior** (s. IMPP-Bild 1, S. 64) und A. cerebri media. Weitere Äste versorgen die Hypophyse und den Plexus choroideus.

Versorgungsgebiet: überwiegend Frontal-, Parietal- und Temporallappen sowie Zwischenhirn; über die A. ophthalmica Auge und Teile der Nasennebenhöhle.

> **Übrigens ...**
>
> Die A. cerebri media stellt die direkte Fortsetzung der A. carotis interna dar. Deshalb finden sich Thromben, die über die A. carotis interna kommen, häufiger in der A. cerebri media. Der Verschluss einer hirnversorgenden Arterie führt zum **Hirninfarkt** (Schlaganfall, Apoplex, ischämischer Insult). Kommt es durch Ruptur eines hirnversorgenden Gefäßes zur Einblutung ins Hirnparenchym, so spricht man von einem **hämorrhagischen Insult**.

– Die **A. vertebralis** ist der erste Ast der A. subclavia und zieht durch die Querfortsatzlöcher der zervikalen Halswirbel bis zum Atlas. Sie gelangt durch das Foramen magnum in die Schädelhöhle und vereinigt sich am Unterrand der Brücke mit der A. vertebralis der Gegenseite zur unpaaren **A. basilaris**. Am Oberrand der Brücke zweigt sich diese zu zwei **Aa. cerebri posteriores** auf. Diese versorgen überwiegend den Okzipitallappen sowie Teile des Temporallappens. Vor Vereinigung zur A. basilaris geben die Aa. vertebrales die A. inferior posterior cerebelli zur Versorgung des Kleinhirns ab. Im weiteren Verlauf entspringen aus der A. basilaris die A. inferior anterior cerebelli sowie die A. superior cerebelli, die, wie der Name schon sagt, ebenfalls das Kleinhirn versorgen.

Die ebenfalls aus der A. basilaris entspringende A. labyrinthi versorgt das Innenohr.

Versorgungsgebiet: Okzipitallappen, Teile des Temporallappens, Kleinhirn, Innenohr, Mittelhirn, Hirnstamm.

> **Merke!**
>
> – Nicht-fenestrierte Kapillaren (kontinuierliches Epithel) finden sich im Kleinhirn.
> – Fenestrierte Kapillaren sind typisch für die Area postrema.

Der **Circulus arteriosus cerebri** verbindet die drei großen hirnversorgenden Gefäße miteinander. Über die **A. communicans anterior** werden die beiden Karotis-Interna-Stromgebiete kurzgeschlossen; über die **Aa. communicantes posteriores** werden Vertebralis- und Karotis-Interna-Stromgebiet kurzgeschlossen. Diese Kurzschlüsse sind eine Sicherheit, um das Gehirn auch bei Verlegung eines großen hirnzuführenden Gefäßes ausreichend zu durchbluten.

Übrigens …
Eine langsam voranschreitende Stenose (Einengung) der A. carotis interna um 90 % kann völlig symptomlos bleiben.
Häufig finden sich im Bereich der Aa. communicantes Gefäßwandfehlbildungen, die zu Aussackungen **(Aneurysmen)** der Gefäßwand führen. Bei Druckbelastung platzen diese Aneurysmen sehr leicht und führen zu einer **Subarachnoidalblutung**. Diese ist durch blutigen Liquor gekennzeichnet. Der Verschluss einer A. cerebri media hat die Hemiparese der kontralateralen Seite zur Folge.

> **Merke!**
>
> Lipidlösliche Substanzen können die Blut-Hirn-Schranke ohne spezifische Transportsysteme überwinden. Der Sinus sagittalis inferior verläuft in der Falx cerebri. Die Cellulae mastoideae stehen in enger Nachbarschaft zum Sinus sigmoideus.

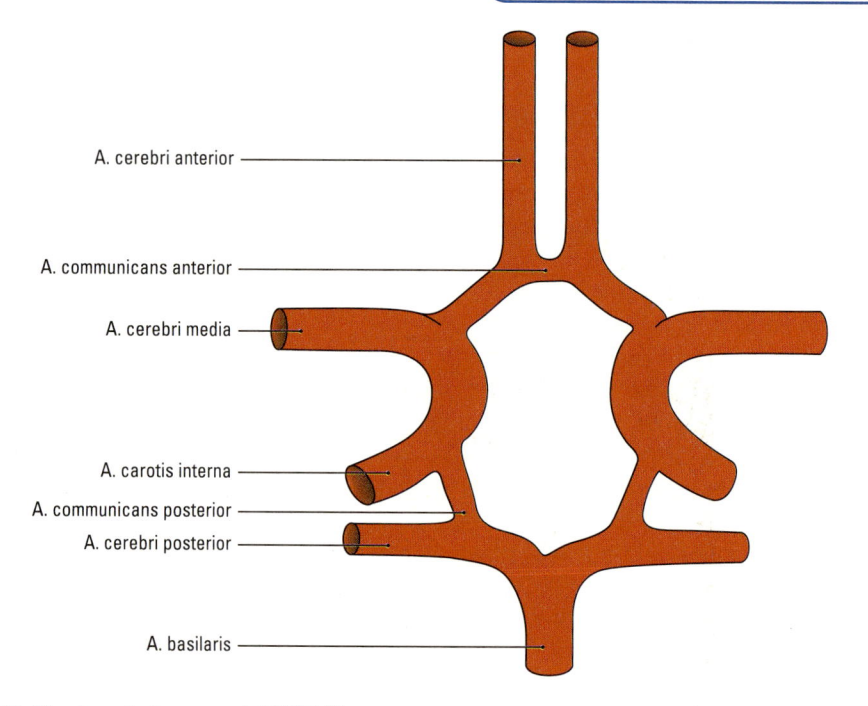

Abb. 23: Circulus arteriosus cerebri (Willisii)

medi-learn.de/6-ana3-23

5.4 Venöse Gefäßversorgung des Gehirns

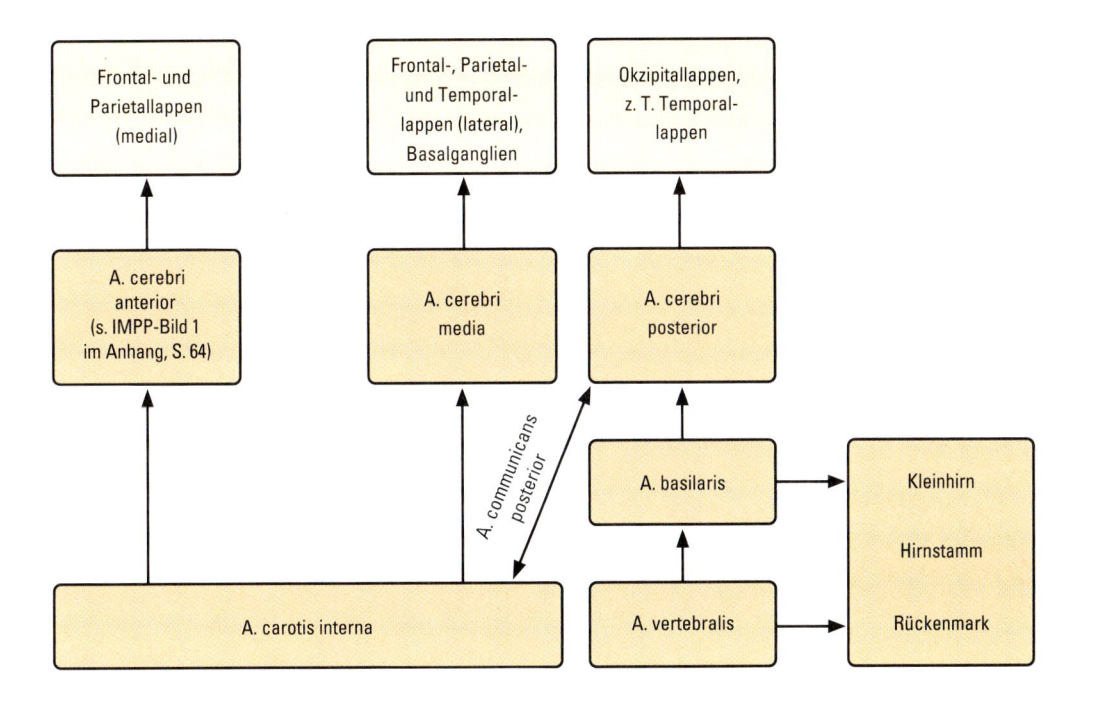

Abb. 24: Übersicht über die arterielle Gefäßversorgung des Gehirns

medi-learn.de/6-ana3-24

> **Merke!**
>
> Der Circulus arteriosus Willisii verbindet das Stromgebiet der A. carotis interna mit dem Stromgebiet der A. vertebralis.

5.4 Venöse Gefäßversorgung des Gehirns

Das venöse Blut aus dem Gehirn fließt über die Hirnvenen in die venösen **Sinus**. Sinus sind **Duraduplikaturen**. Sie leiten venöses Blut aus dem Gehirn. Ihnen fehlt der typische Aufbau einer Vene, d. h. sie sind klappenlos. Fast das gesamte venöse Blut gelangt anschließend über die V. jugularis interna zur V. cava superior und von dort zum rechten Herzen. Ein geringer Teil des venösen Blutes wird über die **Vv. emissariae** aus dem Kopf abgeleitet. Diese Venen stellen Verbindungen zwischen den Sinus, den Diploevenen und den Kopfhautvenen dar.

Abb. 25, S. 52 zeigt den Verlauf der intraduralen Sinus. Für das Schriftliche solltest du dir merken, dass die V. magna cerebri in den Sinus rectus mündet.

> **Übrigens ...**
>
> Ein Sturz kann besonders bei älteren Menschen zu einer intrakraniellen Blutung führen. Häufige Ursache ist der Einriss einer Brückenvene aufgrund der Scherkräfte.

> **Merke!**
>
> Vv. emissariae ziehen senkrecht durch den Schädelknochen und verbinden die Sinus mit den Kopfhautvenen.

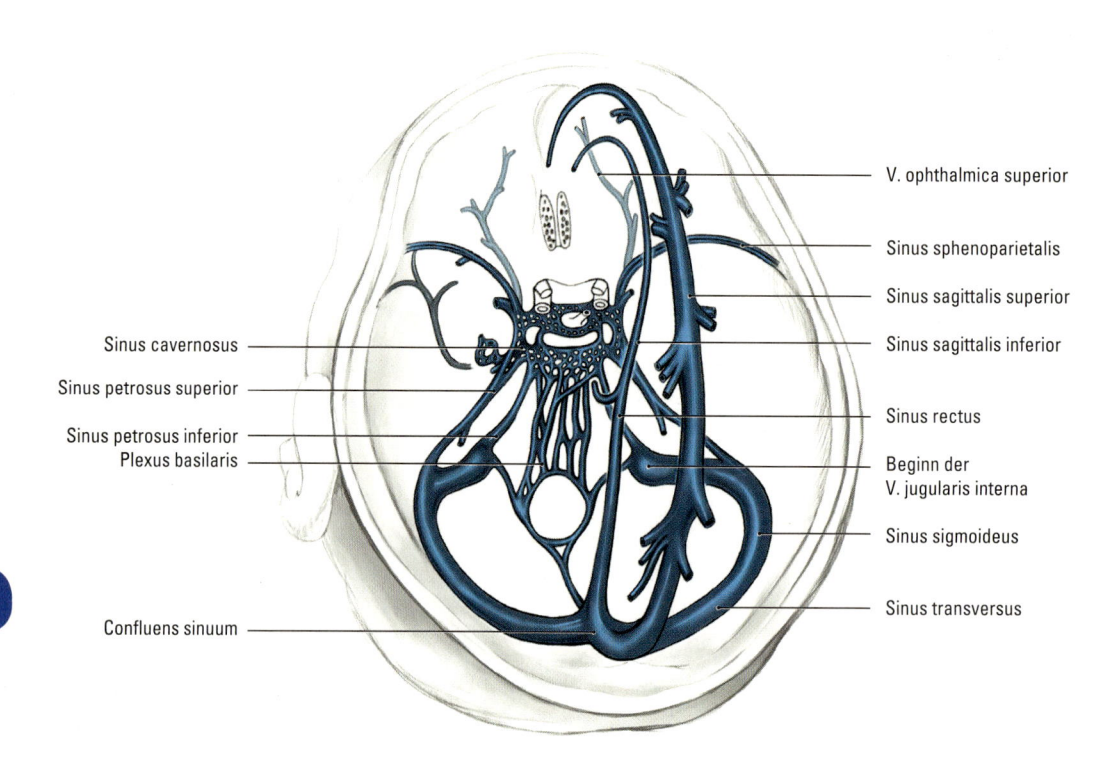

5 Liquor- und Ventrikelsystem, Hirnhäute und Blutversorgung des Gehirns

Abb. 25: Sinus durae matris

medi-learn.de/6-ana3-25

6 Augen und Ohr

Fragen in den letzten 10 Examen: 16

Sowohl über das Auge als auch über das Ohr könnte man ein eigenständiges Buch schreiben. Um deine Aufnahmefähigkeit jedoch nicht überzustrapazieren, werden hier nur die prüfungsrelevanten neuroanatomischen Details dargestellt. Beide Sinnesorgane haben aber auch histologisch und physiologisch noch einiges zu bieten (s. Skript Histologie 2 und Physiologie 3).

6.1 Auge

Im Auge wird das Licht gebrochen und wahrgenommen. Dafür ist es mit seinem Aufbau optimiert. Hornhaut, Linse und Glaskörper brechen das Licht, während die Retina das Licht wahrnimmt.

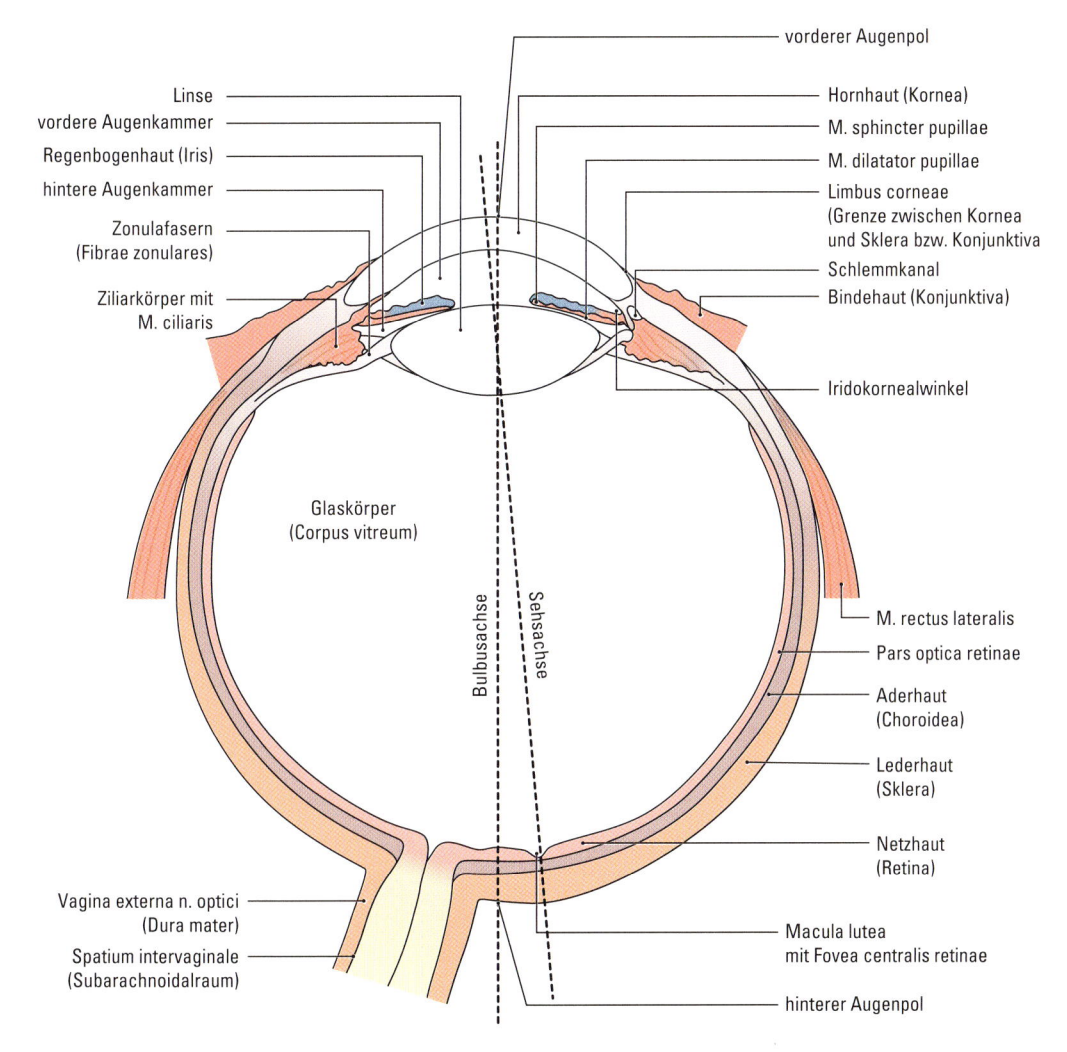

Abb. 26: Horizontalschnitt durch den Augapfel

medi-learn.de/6-ana3-26

6 Auge und Ohr

> **Merke!**
>
> Die Retina wandelt den physikalischen Lichtreiz über photochemische Prozesse in einen neuronalen Reiz um.

6.1.1 Makroskopie

Abb. 26, S. 53 gibt die wichtigsten makroskopischen Strukturen des Augapfels wieder. Der Augapfel hat eine dreischichtige Schale.
- Tunica fibrosa bulbi = **Sklera** und **Kornea**, äußerste Schicht;
- Tunica vasculosa bulbi = **Uvea: Iris, Corpus ciliare und Choroidea;**
- Tunica interna bulbi = **Retina**, innerste Schicht.

Im Inneren des Auges unterscheidet man drei wichtige Räume:
- **vordere Augenkammer** (zwischen Kornea und Iris, mit Kammerwasser gefüllt);
- **hintere Augenkammer** (zwischen Ziliarkörper und Zonulafasern sowie der Irisrückseite gelegen, ebenfalls mit Kammerwasser gefüllt);
- **Glaskörperraum** (dorsal der Linse und des Corpus ciliare).

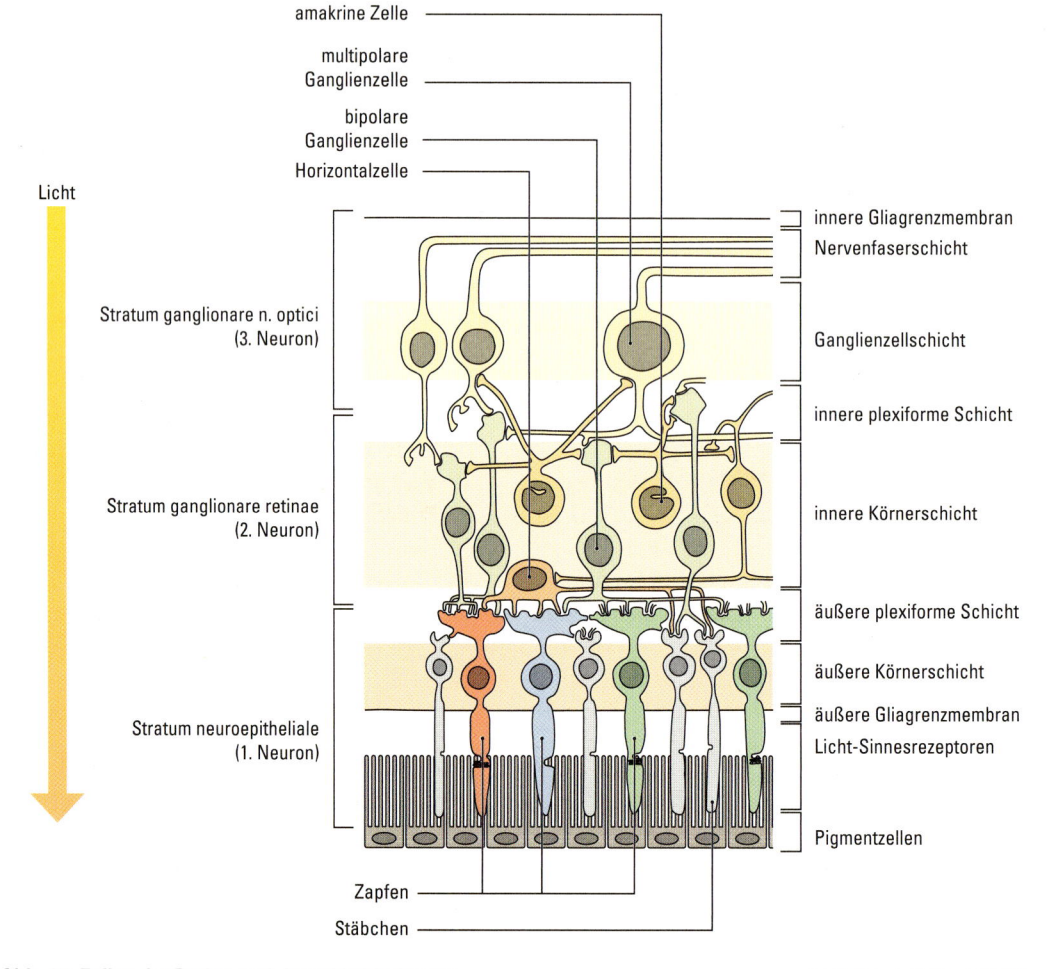

Abb. 27: Zellen der Retina und deren Verbindungen

medi-learn.de/6-ana3-27

Die **Blutversorgung** erfolgt über die **A. centralis retinae** aus der **A. ophthalmica**.

> **Merke!**
>
> Äste der A. und V. ophthalmica anastomosieren mit der A. und V. angularis am medialen Augenwinkel.

Der Schlemm-Kanal liegt im Kammerwinkel und bildet den zentralen Abflussweg für das Kammerwasser in die episkleralen Venen. Der Schutz des Auges erfolgt durch das Augenlid. Hier finden sich im inneren Bereich Talgdrüsen (Zeis- & Meibom-Drüsen).

6.1.2 Mikroskopie

Dieses Kapitel enthält nur die zum Verständnis nötigen Informationen. Weiterführende Details finden sich im Skript Histologie 2.
Die **Kornea** (Hornhaut) wirkt als Sammellinse und dient der Lichtbrechung (Brechkraft: 43 Dioptrien). Sie bündelt die Lichtstrahlen auf der Retina und sorgt damit für eine scharfe Abbildung.

> **Merke!**
>
> Die Kornea ist völlig gefäßlos. Sie wird durch Tränenflüssigkeit und Kammerwasser ernährt.

Die **Sklera** (Lederhaut) stabilisiert den Augapfel. Sie ist fast lichtundurchlässig und enthält Blutgefäße.
Die **Choroidea** (Aderhaut) ist stark vaskularisiert und enthält zahlreiche Melanozyten. Sie versorgt die äußeren Netzhautschichten mit Blut.
Die **Retina** (Netzhaut) ist die innerste Wandschicht des Bulbus oculi. Sie dient der Lichtwahrnehmung. Die Netzhaut besteht aus zwei Anteilen:
- **Stratum pigmentosum** (Pigmentepithel), hier sind melaninhaltige Pigmentkörnchen eingelagert. Es stellt die Verbindung zwischen Choroidea und Retina her. Im Pigmentepithel wird Retinal (gehört zu den Carotinoiden) regeneriert. Es ist außerdem in der Lage, Teile der Stäbchen und Zapfen zu phagozytieren und spielt damit für deren Regeneration eine wichtige Rolle.
- **Stratum nervosum,** liegt dem Pigmentepithel von innen an und kann in drei neuronale Zellschichten gegliedert werden (s. Abb. 27, S. 54):
  - **Stratum neuroepitheliale** (äußerste Schicht); hier befinden sich die Photorezeptoren zur Lichtwahrnehmung
  - **Stratum ganglionare retinae** (mittlere Schicht);
  - **Stratum ganglionare n. optici** (innerste Schicht).

In diesen drei Nervenzellschichten sitzen die ersten drei Neurone der Sehbahn. Als Bruch-Membran bezeichnet man die Grenzmembran zwischen Choroidea und Pigmentepithel. Sie wirkt mit ihrem hohen Anteil an elastischen Fasern als Antagonist des M. ciliaris bei der Fernakkommodation.

> **Übrigens ...**
>
> Aus dem ersten Gehirnbläschen stülpt sich das Augenbläschenpaar aus. Daraus entwickeln sich Netzhaut und Pigmentepithel. Der Augenbläschenstiel entspricht dem Sehnerv. Vom Augenbecher entwickelt sich der vordere Teil zur Pupille. Das innerste Blatt des Augenbechers bildet u. a. die Ganglienzellschicht der Retina. Choroidea, Sklera und Kornea sind mesenchymalen Ursprungs.

> **Merke!**
>
> Bei den Photorezeptoren unterscheidet man ca. 120 Millionen Stäbchen (hell-dunkel-Wahrnehmung) von ca. 6 Millionen Zapfen (Farbwahrnehmung).

Während am Rand der Retina vorwiegend die lichtempfindlichen Stäbchen vorkommen, befinden sich in der **Fovea centralis** AUSSCHLIEß-

LICH die weniger lichtempfindlichen Zapfen. Stäbchen und Zapfen geben ihre Impulse an die bipolaren Ganglienzellen des **Stratum ganglionare retinae** weiter. Von dort gelangen die Impulse zu den multipolaren Zellen des **Stratum ganglionare n. optici**. Dies sind die dritten Neurone der Sehbahn. Sie bilden mit ihren Axonen den N. opticus.

Die **Macula lutea** (gelber Fleck) liegt in der **Fovea centralis** und enthält ausschließlich Zapfen als Photorezeptoren. Hier ist jeder Zapfen mit **einer** Bipolarzelle und **einer** multipolaren Zelle verbunden. Daraus resultiert eine maximale Reizauflösung, sodass dies der Ort des schärfsten Sehens ist.

Die **Papilla n. optici** liegt ca. drei Millimeter medial der Macula lutea. Hier beginnt der N. opticus und es finden sich KEINE Photorezeptoren. Deshalb heißt diese Stelle auch **Blinder Fleck**.

Die **Iris** ist eine Ausstülpung der Uvea. Sie enthält mehr oder weniger Melanozyten und bestimmt damit die Augenfarbe. Funktionell reguliert sie den Lichteinfall:
- Die **Pupillenerweiterung** (Dilatation) erfolgt über den **sympathisch** innervierten M. dilatator pupillae.
- Die **Pupillenverengung** (Konstriktion) erfolgt über den **parasympathisch** innervierten M. sphincter pupillae.

> **Merke!**
> - Atropin und junge Maid machen die Pupille weit,
> - altes Weib und Morphium machen sie eng wiederum.

Die **Linse** liegt direkt hinter der Pupille. Sie ist durchsichtig, frei von Nerven und Gefäßen sowie passiv verformbar. Durch die Verformung ändert sich ihre Brechkraft.

> **Merke!**
> - Eine starke Krümmung (höhere Brechkraft) ist für das Nahsehen,
> - eine schwache Krümmung (geringere Brechkraft) für das Fernsehen erforderlich.

Im Inneren der Linse liegt der wenig verformbare **Linsenkern** (Ncl. lentis). Er ist von der verformbaren Linsenrinde umgeben. Im Alter schrumpft die Linsenrinde durch Wasserentzug. Dadurch kann die Linse nicht mehr so stark gekrümmt werden und es kommt zur **Altersweitsichtigkeit** (Presbyopie). Der **Ziliarkörper** (Corpus ciliare) ist eine kontraktile Ausstülpung der Uvea. Er dient der Aufhängung der Linse und ist mit ihr über die **Zonulafasern** verbunden. Der Ziliarkörper sezerniert aktiv das Kammerwasser in die hintere Augenkammer. Der M. ciliaris ist parasympathisch innerviert. An der Innenseite des Lides im Tarsus liegen die Meibom-Drüsen. Die Entzündung dieser Drüsen heißt Chalazion (Hagelkorn).

In den Haarschaft der Wimpern münden die Ausführungsgänge der Zeis-Drüsen. Die Entzündung dieser Drüsen heißt Hordeolum (Gerstenkorn).

> **Merke!**
> - Die Kontraktion des M. ciliaris führt zu einer Annäherung des Ziliarkörpers an die Linse. Damit kann sich die Linse stärker krümmen.
> - Bei Erschlaffung des M. ciliaris werden die Zonula-fasern angespannt, die Linse wird abgeflacht.

Der **Glaskörper** (Corpus vitreum) besteht zu 99 % aus Wasser. Er ist zellfrei sowie gefäßlos und füllt als gallertige Masse zu 75 % das Augeninnere. Er hat den gleichen Brechungsindex wie das Kammerwasser (1,33 dpt) und trägt dazu bei, die Lichtstrahlen auf die Retina zu fokussieren.

6.1.3 Reflexe

Der **Lichtreflex** (Pupillenreflex) führt bei starkem Lichteinfall zur zunehmenden Verengung der Pupille und bei schwachem Lichteinfall zur zunehmenden Erweiterung der Pupille. Über diesen Reflex wird versucht, den Lichteinfall ins Augeninnere möglichst konstant zu halten.

> **Merke!**
>
> Bei Beleuchtung einer Pupille verengt sich auch die Pupille der Gegenseite.
> Bei Schädigung der Praetektalregion kommt es zur reflektorischen Pupillenstarre.

Zur **Akkomodation** (Naheinstellung) verengt sich die Pupille und die Linse krümmt sich stärker über die Konstriktion des M. ciliaris.

6.1.4 Schutzorgane des Auges

- Die **Orbita** (Augenhöhle) schützt das Auge vor mechanischen Reizen. Sie lässt Öffnungen für den Durchtritt von Nerven und Gefäßen.
- Die **Tunica conjunctiva** (Konjunktiva) ist von zahlreichen Gefäßen durchzogen und fixiert den Bulbus in der Orbita.
- Die **Tränendrüse** (Glandula lacrimalis) liegt über dem lateralen Lidwinkel in der Orbita. Sie produziert Tränenflüssigkeit und befeuchtet, reinigt, ernährt und schützt die vordere Bulbushälfte vor Austrocknung und Infektion.
- Die **Augenlider** bieten dem Auge mechanischen Schutz. Außerdem verteilen sie die Tränenflüssigkeit gleichmäßig auf der Horn- und Bindehaut.
- Die **Augenmuskeln** wurden bereits bei den Hirnnerven im Skript Anatomie 2 besprochen.

6.2 Ohr

Im Ohr liegen zwei Sinnesorgane, das **Hörorgan** und das **Gleichgewichtsorgan**. Man unterscheidet **äußeres Ohr, Mittelohr und Innenohr**. In diesem Skript beschränken wir uns auf die prüfungsrelevanten Aspekte des Mittel- und Innenohrs.

6.2.1 Mittelohr

Das Mittelohr besteht in erster Linie aus der **Paukenhöhle** (Cavum tympani). Dies ist ein lufthaltiger, mit isoprismatischem Epithel ausgekleideter Hohlraum. Er wird nach lateral durch das Trommelfell vom äußeren Gehörgang abgegrenzt. Nach medial besteht über das ovale und das runde Fenster eine Verbindung zum Innenohr. Nach vorn setzt sich die Paukenhöhle in die Tuba auditiva fort. Der wichtigste Inhalt der Paukenhöhle sind die **Gehörknöchelchen** (Ossicula auditoria). Die Funktion von **Hammer, Amboss und Steigbügel** besteht in der möglichst verlustarmen Schallübertragung von der Luft des äußeren Gehörgangs auf die Perilymphe des Innenohrs. Abb. 29, S. 59 zeigt den Weg der Schallübertragung vom äußeren Ohr auf das Innenohr.

> **Merke!**
>
> - Das ovale Fenster dient der Schallwellenaufnahme.
> - Das runde Fenster dient der „Abstrahlung" bereits wahrgenommener Schallwellen.

Die **Tuba auditiva** (Ohrtrompete) verbindet die Paukenhöhle mit dem Nasopharynx. Sie dient der Belüftung des Mittelohrs und dem Druckausgleich zwischen Mittelohr und äußerer Atmosphäre. Weiterhin kann durch die Tuba auditiva Sekret aus der Paukenhöhle abfließen.

> **Merke!**
>
> Die Tuba auditiva verbindet die Paukenhöhle mit dem Nasopharynx.

6 Auge und Ohr

Übrigens …
- Bei Verschluss der Ohrtrompete kann es leicht zu einer bakteriellen Besiedelung der Paukenhöhle mit eitriger Mittelohrentzündung kommen. Durch die Paries tegmentalis der Paukenhöhle kann sich diese zu den Hirnhäuten und dem Temporallappen ausbreiten.
- Durch die Paries mastoideus (hintere Wand) der Paukenhöhle kann eine Mittelohrentzündung eine Thrombose des Sinus sigmoideus hervorrufen.
- Ohrspülungen können zu Hustenreiz oder Erbrechen durch Reizung von Vagusfasern führen.
- Bei der Otoskopie erscheint am Trommelfell ein Lichtreflex am vorderen unteren Quadranten.

6.2.2 Innenohr

Das Innenohr ist ein flüssigkeitsgefülltes Gangsystem. Es wird untergliedert in:
- **knöchernes Labyrinth** (mit Perilymphe gefüllt),
- **häutiges Labyrinth** (liegt innerhalb des knöchernen Labyrinths, ist mit Endolymphe gefüllt).

Die arterielle Gefäßversorgung des Innenohres erfolgt über die A. labyrinthi, einem Ast der A. basilaris. Seine Anatomie zeigt Abb. 29, S. 59.

Knöchernes Labyrinth: Zentral liegt hier das Vestibulum (Vorhof). Das knöcherne Labyrinth steht über das ovale Fenster mit dem Mittelohr in Kontakt. Nach einer Seite ist es mit der

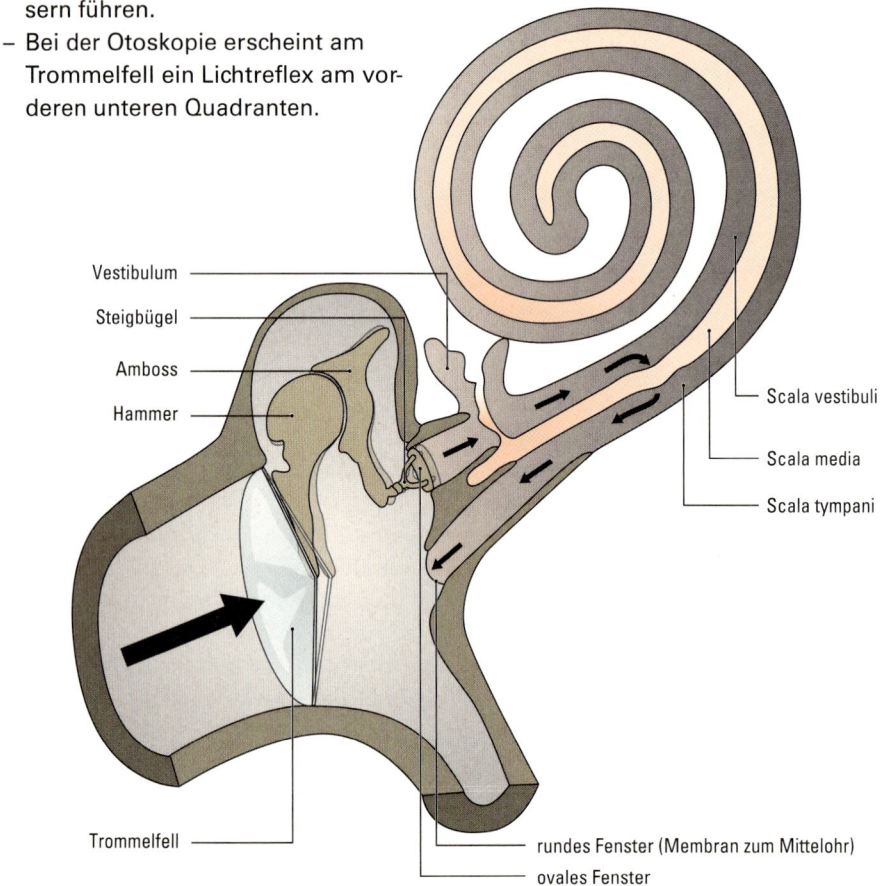

Abb. 28: Schallübertragung

6.2.2 Innenohr

knöchernen Schnecke (Cochlea), nach der anderen Seite mit den drei knöchernen Bogengängen (Canales semicirculares) verbunden. Die drei Bogengänge stehen senkrecht aufeinander und bilden so die drei Raumebenen ab. Das knöcherne Skelett der Cochlea wird **Modiolus** genannt. Hier liegen die Zellkörper des ersten Neurons, welche die Erregung vom Innenohr zur Großhirnrinde leiten.

Membranöses (häutiges) Labyrinth: Das häutige Labyrinth liegt innerhalb des knöchernen Labyrinths. Im Bereich des knöchernen Vestibulums liegt zum einen der membranöse Sacculus, der mit dem **Ductus cochlearis** (Schneckengang) in Verbindung steht. Zum anderen liegt dort der **Utriculus**, von dem die drei häutigen Bogengänge abgehen.

Es können also zwei funktionell völlig unterschiedliche Anteile unterschieden werden:
- kochleärer Anteil (Ductus cochlearis zur Hörwahrnehmung),
- vestibulärer Anteil (Sacculus, Utriculus, Ductus semicirculares zur Lage- und Bewegungswahrnehmung).

Der Ductus cochlearis (mit Endolymphe gefüllt) trennt die obenliegende Scala vestibuli von der Scala tympani. Beide gehen am Helicotrema ineinander über und sind mit Perilym-

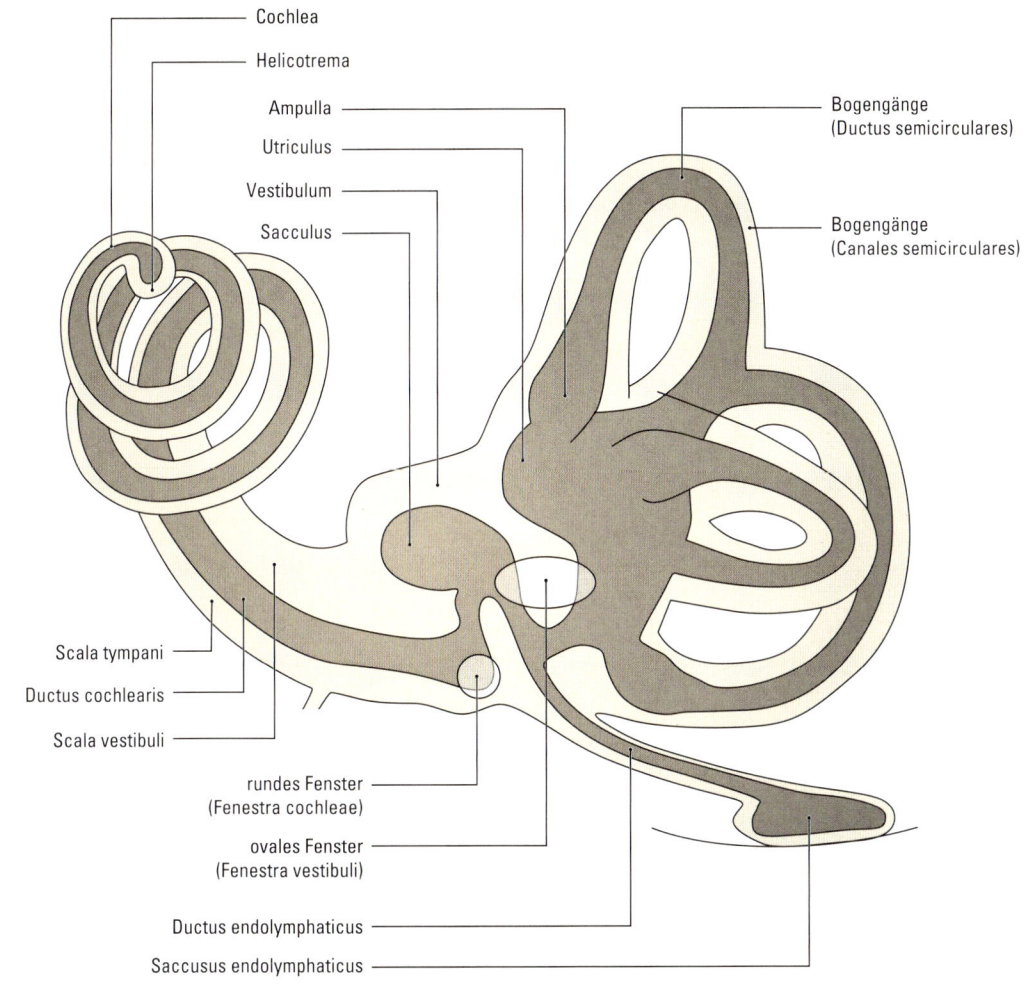

Abb. 29: Labyrinthsystem

phe gefüllt. Während die Scala vestibuli mit dem Vestibulum in Verbindung steht, endet die Scala tympani am runden Fenster blind.

6.2.3 Hörvorgang

Die Schallwellen werden von der Gehörknöchelchenkette am ovalen Fenster durch den Steigbügel auf die Perilymphe übertragen. Die Schwingung setzt sich in der Scala vestibuli fort und läuft in Richtung Helicotrema. Dort läuft die Schwingung in der Scala tympani weiter und endet blind am runden Fenster. Parallel dazu wird durch die Schwingung der Perilymphe der Scala vestibuli der Ductus cochlearis in Schwingung versetzt. Dieser überträgt somit die Schwingung der Scala vestibuli noch vor Erreichen des Helicotremas auf die Scala tympani (s. Abb. 29, S. 59).

Zwischen Scala vestibuli und Ductus cochlearis liegt die **Reissner-Membran** (s. a. Skript Histologie 2). Die im Ductus cochlearis befindliche Endolymphe lässt sich nicht weiter komprimieren, deshalb lenkt die Schallwelle aus der Scala vestibuli die Reissner-Membran und simultan die **Basilarmembran** gegen die **Tektorialmembran** aus. Durch diese Auslenkung werden die auf der Basilarmembran befindlichen **äußeren Haarzellen** abgeschert, was in diesen ein Aktionspotential auslöst. Im Weiteren kommt es zur Aktivierung der **inneren Haarzellen**. Diese Impulse machen den wesentlichen Teil der akustischen Information des N. vestibulocochlearis aus.

Mehr zum Hörvorgang findest du im Skript Physiologie 3.

6.2.4 Gleichgewichtsorgan

Sacculus und Utriculus sind für die Wahrnehmung **linearer Beschleunigung** zuständig, während die Bogengänge für die **Drehbeschleunigung** des Kopfes zuständig sind. **Sacculus und Utriculus** enthalten an bestimmten Stellen Sinnesfelder – **Maculae**. Macula sacculi und Macula utriculi stehen senkrecht aufeinander. Auf den Maculae befinden sich Sinneszellen mit Zilien, die in eine gallertige Membran einstrahlen. Auf der Membran (Otolithenmembran) befinden sich Calciumkarbonatkristalle (Otolithen). Bei jeder Beschleunigung des Kopfes führen die Otolithen durch ihre Trägheit zu einer scherkraftartigen Verschiebung der Otolithenmembran und damit zu einer Ablenkung und Erregung der Sinneszellen.

Die **Crista ampullaris** ist das Sinnesorgan der **Bogengänge**. Sie liegt jeweils in der Ampulle eines Bogengangs. Die Cristae ampullares sind wesentlich höher als die Maculae. Statt in die Otolithenmembran sind die Zilien der Sinneszellen in die gallertige Cupula eingebunden. Die **Cupula** besitzt das gleiche spezifische Gewicht wie die Endolymphe, unterliegt damit also nicht der Schwerkraft. Bei Kopfdrehung wird die Crista ampullaris gegen die aufgrund der Massenträgheit noch stehende Endolymphe ausgelenkt. Es kommt zum Abbiegen der Cupula und damit der Zilien, wodurch die Sinneszellen erregt werden.

Die Informationen aus dem Vestibularorgan führen zu reflektorischen Korrekturbewegungen von Rumpf, Extremitäten und Augen.

Mehr zur Funktion des Gleichgewichtsorgans findest du im Skript Physiologie 3.

DAS BRINGT PUNKTE

Zum Abschluss findest du hier die Kapitel 5 + 6 zusammgefasst.

Zum **Ventrikelsystem** solltest du wissen, dass jeder Ventrikel einen Plexus choroideus besitzt. Außerdem ist es hilfreich, die Nachbarstrukturen und die Ventrikelwände zu kennen. Damit lassen sich die Fragen mit Bildbeilage gut beantworten.
- Vorder- und Hinterhorn des Seitenventrikels besitzen keinen Plexus choroideus.
- Der Sulcus calcarinus senkt sich als Calcar avis in das Hinterhorn der Seitenventrikel ein.

Gern wird auch nach den drei großen **hirnversorgenden Arterien** gefragt.
- Die A. cerebri anterior versorgt den Frontal- und Parietallappen medialseits (s. IMPP-Bild 1, S. 64).
- Die A. cerebri media versorgt den Frontal- und Parietallappen (lateralseits) sowie die Basalganglien.
- Die A. cerebri posterior versorgt den Okzipitallappen sowie Teile des Temporallappens. A. vertebralis und A. basilaris versorgen Rückenmark, Hirnstamm und Kleinhirn. Mehrfach wurde auch nach dem Verlauf der A. vertebralis gefragt.

Neurohypophyse (HHL), Area postrema, Eminentia mediana (Infundibulum), Epiphyse, Subfornikalorgan, Subkommissuralorgan besitzen KEINE **Blut-Hirn-Schranke**.

Zu den **Sinus** gibt Abb. 25, S. 52 den meisten Aufschluss zur Beantwortung der Examensfragen. Häufig wurde auch nach Beziehungen von Nachbarorganen zu Sinus gefragt. Deshalb merk dir bitte, dass
- die Cellulae mastoideae enge Beziehungen zum Sinus sigmoideus haben und
- zum Sinus cavernosus die A. carotis interna, der N. abducens, der N. oculomotorius, der N. trochlearis, der N. ophthalmicus und der N. maxillaris in enger topografischer Beziehung stehen.

Die Prüfungslieblinge zum Thema Auge stehen bereits im Skript Anatomie 2. Deshalb beziehen sich die nachfolgenden Prüfungslieblinge nur auf das Thema **Ohr**. Merke dir bitte unbedingt die folgenden Fakten!
- Das Promontorium erhebt sich zwischen Fenestra vestibuli und Fenestra cochleae und wird durch die Basalwindung der Schnecke aufgeworfen. Nach vorne läuft das Promontorium gegen den Canalis musculotubarius aus.
- Das Promontorium hat Beziehung zur Paries labyrinthicus des Cavum tympani.
- Das Fenestra vestibuli hat enge Beziehung zur Paries labyrinthicus des Cavum tympani.
- Die Basilarmembran trennt Ductus cochlearis von Scala tympani.
- Die Reissner-Membran trennt Scala vestibuli und Ductus cochlearis.
- Die Tuba auditiva verbindet Paukenhöhle (Mittelohr) und Nasopharynx miteinander.
- Die apikale Windung der Schnecke ist der Paukenhöhle abgewandt.
- Der Schall wird über Malleus, Incus und Stapes auf das Fenestra vestibuli übertragen.
- Ductus cochlearis = membranöser Schneckengang; der Ductus cochlearis ist mit Endolymphe gefüllt und beginnt an der Basis der Cochlea, um blind im Helicotrema zu enden.
- Der M. stapedius wird durch den N. facialis innerviert.
- Die Perikaryen der Neurone, die die Erregung von den Sinneszellen der Cristae ampullares weiterleiten, liegen im inneren Gehörgang.

FÜRS MÜNDLICHE

Auf gehts zum letzten Teil dieses Skriptes. Ein paar Fragen noch zu den vorherigen beiden Kapiteln aus den mündlichen Prüfungsprotokollen – dann kannst du dich erstmal erholen.

1. Erläutern Sie, wo Liquor produziert und wo wird er resorbiert wird?
2. Sagen Sie, was ist Liquor und wozu dient er?
3. Welche Hirnhäute kennen Sie?
4. Kennen Sie Unterschiede zwischen Rückenmark und Gehirn im Bezug auf die Hirnhäute?
5. Beschreiben Sie, was beim Verschluss der A. carotis interna geschieht?
6. Welche Gefäße versorgen Ihrer Meinung nach die Hirnhäute?
7. Sagen Sie, was sind Sinus?
8. Erklären Sie, wie das Blut aus dem Gehirn zum Herz gelangt!
9. Beschreiben Sie den Verlauf der Sehbahn!
10. Nennen Sie bitte die Augenmuskeln und den dazugehörenden, innervierenden Nerven!
11. Beschreiben Sie bitte den Verlauf der Hörbahn!
12. Wissen Sie, welcher Nerv den M. stapedius innerviert?
13. Was wissen Sie über die Tuba auditiva?

1. Erläutern Sie, wo Liquor produziert und wo wird er resorbiert wird?
Produziert wird Liquor in allen vier Ventrikeln, resorbiert im äußeren Liquorraum im Rückenmark und durch die Arachnoidalzotten.

2. Sagen Sie, was ist Liquor und wozu dient er?
Liquor ist ein Ultrafiltrat des Bluts. Er reduziert das auf den Knochen wirkende Gewicht des Gehirns auf 50 g.

3. Welche Hirnhäute kennen Sie?
– Dura mater,
– Arachnoidea,
– Pia mater.

4. Kennen Sie Unterschiede zwischen Rückenmark und Gehirn im Bezug auf die Hirnhäute?
Ja, im RM gibt es einen Epiduralraum, im Gehirn nicht. Dort ist die Dura mit dem Periost verwachsen.

5. Beschreiben Sie, was beim Verschluss der A. carotis interna geschieht?
Der Ausfall kann z. T. durch den Circulus arteriosus Willisii mit Blut aus den anderen Arterien ausgeglichen werden.

6. Welche Gefäße versorgen Ihrer Meinung nach die Hirnhäute?
Die Aa. meningeae. Die A. meningea media ist die größte und zieht durch das Foramen spinosum.

FÜRS MÜNDLICHE

7. Sagen Sie, was sind Sinus?
Duraduplikaturen, venöse Blutleiter ohne den typischen Wandbau einer Vene, d. h. klappenlos.

8. Erklären Sie, wie das Blut aus dem Gehirn zum Herz gelangt!
Aus dem Gehirn in die Hirnvenen, von dort in die Sinus und von da in die V. jugularis interna, von dort zur V. cava superior und ins rechte Herz.

9. Beschreiben Sie den Verlauf der Sehbahn!
Die Sehbahn verläuft über Tractus opticus – Corpus geniculatum laterale – Gratiolet-Sehstrahlung – Area 17 (primäre Sehrinde).

10. Nennen Sie bitte die Augenmuskeln und den dazugehörenden, innervierenden Nerven!
- Der N. oculomotorius innerviert die Mm. rectus superior, rectus medialis, rectus inferior sowie obliquus inferior.
- Der N. trochlearis innerviert den M. obliquus superior.
- Der N. abducens innerviert den M. rectus lateralis.

11. Beschreiben Sie bitte den Verlauf der Hörbahn!
Die Hörbahn verläuft über Cochlea – Ncl. olivaris superior – Lemniscus lateralis – Colliculi inferiores, dort Kreuzung und danach Verlauf beidseits – Corpus geniculatum mediale – Hörstrahlung – primäre Hörrinde.

12. Wissen Sie, welcher Nerv den M. stapedius innerviert?
Der M. stapedius wird durch den N. facialis innerviert.

13. Was wissen Sie über die Tuba auditiva?
Die Tuba auditiva verbindet die Paukenhöhle mit dem Nasopharynx. Sie ist mit respiratorischem Epithel ausgekleidet.

So, jetzt hast du's geschafft!
Damit bist du im Physikum gut für das Thema ZNS gerüstet. Bleibt mir also nur noch eins: Dir viel Erfolg fürs Physikum und dein weiteres Studium zu wünschen.

Pause

Geschafft! Hier noch ein kleiner Cartoon als Belohnung ...

Anhang

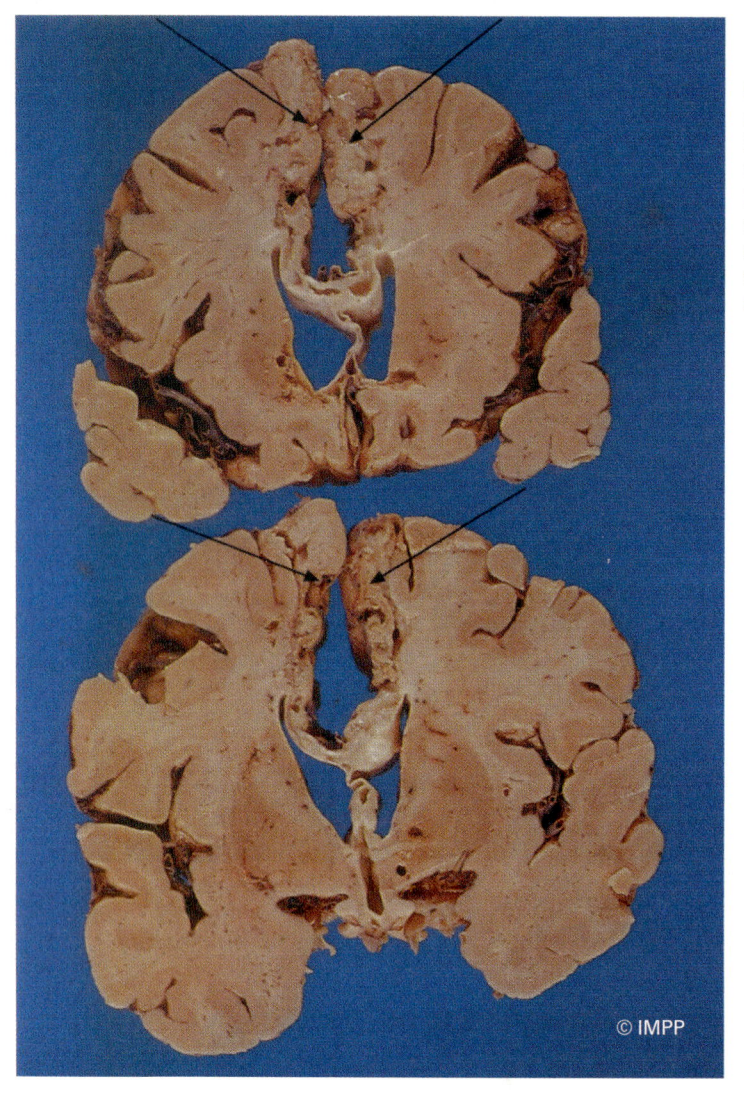

Diese Abbildung zeigt zwei Frontalschnitte durch das Gehirn. Die Pfeile zeigen auf Gebiete, in denen es zu Gewebsnekrosen aufgrund von Durchblutungsstörungen gekommen ist. Dabei handelt es sich am wahrscheinlichsten um Durchblutungsstörungen in den Gebieten der Aa. cerebri anteriores.

IMPP-Bild 1: Frontalschnitte durch das Gehirn
medi-learn.de/6-ana3-impp1

Index

A
Arachnoidalzotten 47, 62
Area striata 39
Atemzentrum 6, 13
Axon 26, 27, 56

B
Blut-Hirn-Schranke 24, 61
Blut-Liquor-Schranke 47
Bogengänge 59, 60
Brechzentrum 5
Bruch-Membran 55

C
Corpus amygdaloideum 9, 34, 44

D
Diencephalon 9, 20, 25, 45

E
Epiduralraum 48, 62
epikritische Sensibilität 8
Epithalamus 20, 25

F
Fasciculus 7, 22, 23
Foramen 13, 47, 49, 62
Formatio reticularis 3, 5, 6, 8, 9, 10, 27

G
Ganglion 55
Gesichtsfeld 40, 42, 46
Glia 47
Großhirn 4, 9, 15, 20, 30, 36, 42, 44

H
Hemisphärenrinde 16
Hirnhaut 47, 62
Hörbahn 2, 10, 21, 41, 44, 62, 63
Hypophyse 22, 26, 49
Hypothalamus 9, 20, 22, 24
Hypothalamuskerne 22, 23

K
Kleinhirnkerne 14
Kleinhirnrinde 3, 9, 15, 16, 26
Kreislaufzentrum 6, 10
Kurzzeitgedächtnis 38

L
Limbisches System 23, 36
Lobus flocculonodularis 15, 16
Locus caeruleus 6

M
Meningen 48, 49
Mesencephalon 1, 9, 17
Modiolus 59
Moosfasern 15, 26
Morbus Parkinson 5
Motoneuron 3

N
Ncl. dentatus 14, 16
Ncl. emboliformis 14, 16
Ncl. fastigii 14, 16
Ncl. globosus 14, 16
Neokortex 30, 37
Neuralrohr 20
Neuron 2, 6, 8, 9, 15, 32, 34, 44, 55
Neuronenkreis 35
Neurosekretion 24
Neurotransmitter 6, 9, 15
Nukleus 33, 44

P
PAPEZ-Neuronenkreis 45, 46
paravermalen und vermalen Zone 16
Photorezeptoren 55
Plexus choroideus 49, 61
Pupillenreflex 57
Pyramidenbahn 4, 7, 37

R
Raphe-Kerne 6
Rautengrube 5, 6
Renshaw-Zellen 9

Index

S
Sacculus 60
Sehbahn 39, 40, 44, 45, 46, 55, 62, 63
Sehrinde 39, 40
Sprachzentrum 36, 37, 41, 44, 46
Stria terminalis 35
Subarachnoidalraum 47, 48

T
Telencephalon 9, 30
Thalamus 2, 8, 16, 25, 27, 28, 32, 33, 34, 36, 37, 44
Thalamuskerne 44

U
Utriculus 59, 60

V
Vestibularorgan 60
Vierhügelplatte 1, 2
Vv. emissariae 51

Deine Meinung ist gefragt!
Es ist erstaunlich, was das menschliche Gehirn an Informationen erfassen kann. Slbest wnen kilene Fleher in eenim Txet entlheatn snid, so knnsat du die eigneltchie lofnrmotian deoncnh vershteen – so wie in dsieem Text heir.

Wir heabn die Srkitpe mecrfhah sehr sogrtfältg güpreft, aber vilcheliet hat auch uesnr Girehn – so wie deenis grdaee – unbeswust Fheler übresehne. Um in der Zuuknft noch bsseer zu wrdeen, bttein wir dich dhear um deine Mtiilhfe.

Sag uns, was dir aufgefallen ist, ob wir Stolpersteine übersehen haben oder ggf. Formulierungen verbessern sollten. Darüber hinaus freuen wir uns natürlich auch über positive Rückmeldungen aus der Leserschaft.

Deine Mithilfe ist für uns sehr wertvoll und wir möchten dein Engagement belohnen: Unter allen Rückmeldungen verlosen wir einmal im Semester Fachbücher im Wert von 250 Euro. Die Gewinner werden auf der Webseite von MEDI-LEARN unter www.medi-learn.de bekannt gegeben.

Schick deine Rückmeldung einfach per E-Mail an support@medi-learn.de oder trag sie im Internet in ein spezielles Formular für Rückmeldungen ein, das du unter der folgenden Adresse findest:

www.medi-learn.de/rueckmeldungen